Yasmin Blossom

Floraison de l'âme et du coeur

Deuxième édition (révisée) : 2023

Copyright © 2020 Yasmin Blossom

Tous droits réservés.

ISBN: 978-2-9574562-0-8

PRÉFACE

بسم الله الواحد الأحد لا شريك له، هو الجميل بذاته وأسمائه وصفاته وأفعاله، لا جمال بعده إلا بإذنه

Au nom d'Allah, le Seul sans associé, à Lui Seul appartient la beauté dans Son essence, Ses noms, Ses attributs et Ses actions, et rien ne serait être beau sans Sa volonté.

La diversité de l'art islamique est à la mesure de sa variété dans le temps et l'espace, des riches rencontres qui se sont nouées entre les cultures et la tradition et les différentes langues.

L'art islamique est sans cesse revisité et réinventé, la poésie s'est imposée comme le principal outil d'expression artistique autorisé au cœur des pays islamiques.

On distingue plusieurs thèmes : le poème d'amour (al-ghazal), la satire (al-hija'), l'éloge (al-madîh), etc.

Un des plus célèbres poètes est le compagnon Ḥassân Ibn Thâbit (رضي الله عنه), Aïsha (رضي الله عنها), la mère des croyants, atteste que le Prophète ﷺ mettait une chaire à la disposition de Hassân et disait : « En vérité, Allah assiste Hassân par le Saint Esprit lorsqu'il fait l'éloge de l'Envoyé d'Allah. » (Sahih de Mouslim. N° 2490)

قالتْ عائشةُ: فسمعتُ رسولَ اللهِ صلَّى اللهُ عليهِ وسلَّم يقولُ لِحسَّانَ "إنَّ روحَ القُدُسِ لا يزالُ يؤيِّدُكَ، ما نافحْتَ عن اللهِ ورسولِهِ"

Dans un autre hadith rapporté dans le sahih de Al-Bûkhari n° 3841 et de Mouslim n°2256 :

Abou Houreyrah (رضي الله عنه) rapporte que le Prophète ﷺ affirme : « Le meilleur vers de poésie jamais composé par les Arabes est celui de Labîd : " Toute chose, en dehors d'Allah, n'est-elle pas illusoire ? " »

عَنْ أَبِي هُرَيْرَةَ رَضِيَ اللهُ عَنْهُ قَالَ النَّبِيُّ صَلَّى اللهُ عَلَيْهِ وَسَلَّمَ: «أَصْدَقُ كَلِمَةٍ قَالَهَا الشَّاعِرُ كَلِمَةُ لَبِيدٍ: أَلَا كُلُّ شَيْءٍ مَا خَلَا اللهَ بَاطِلُ

Ce livre entre nos mains représente une des formes de poésies islamiques louant les bonnes actions et encourageant à la piété, dans un style unique, l'auteure a su trouver les mots pour exprimer l'amour du serviteur envers son Créateur.

مروان أبو ياسمين

أستاذ العلوم الشرعية

Marwan Abou Yasmine
Professeur en sciences islamiques

بِسْمِ ٱللَّهِ ٱلرَّحْمَٰنِ ٱلرَّحِيمِ
Au nom d'Allah,
le Tout-Miséricordieux, le Très-Miséricordieux.

Viens à moi avec tes peines, douce âme...
Je te montrerai qu'au-dessus d'elles,
Il y a Celui qui les transformera
bientôt en force et en courage...

Montre-moi la partie la plus endommagée de ton cœur
et je te montrerai comme elle brille encore
comme de l'or...

Montre-moi tes plus sombres pensées
et je te montrerai comme cette petite voix intérieure
t'appelant à les vaincre, y résonne plus fort encore...

Montre-moi le tréfonds le plus obscur de ton âme
et je te montrerai comme son essence est encore plus
éclatante qu'une pleine lune au cœur de la nuit...

Montre-moi ton être véritable
et je te montrerai comme j'y vois la profondeur
de l'Amour d'Allah.

Tu n'es pas ce qu'on t'a injustement fait.
Tu n'es pas les erreurs du passé.
Tu n'es pas tout ce qui t'a causé de la peine.
Tu n'es pas les rêves brisés
que tu as laissés derrière toi.
Tu n'es pas les maladies qui t'ont rongé.
Tu n'es pas ces voix dans ta tête
qui t'appellent au péché...

Tu es la lumière qui jaillit de ton âme.
Tu es la lumière qu'Allah a déposée dans ton cœur.[1]

Concentre-toi sur elle pour avancer
malgré l'obscurité de ta vie.

Aie confiance en toi et dans le fait qu'Allah,
An-Nūr, illuminera chacun de tes pas avançant à Lui !

« Alors, lève-toi et à ton Seigneur aspire ! » *(Sourate 94, Ayat 7,8)*

---

[1] *Invocation du Prophète* ﷺ : *« Place une lumière dans mon coeur (...) Place en mon âme une lumière et rends-la-moi vive et intense. Fais de moi une lumière, fais de moi une lumière (...) Et accorde-moi lumière sur lumière. » (Rapporté par Al-Bukhârî & Mouslim)*

Si tu as mal lorsque tu regardes en arrière
et que tu as peur lorsque tu regardes en avant...

Tourne ton regard, ton cœur et tes paumes
vers Le Haut !

Vers Le Seul qui a le pouvoir de guérir
les blessures les plus profondes du passé
et d'apaiser les craintes les plus intenses du futur...

Aucun battement de ton cœur ne Lui échappe,
ni même une seule de tes inspirations
et de tes expirations.

Chacun de tes souffles, Il les entend.

Il est As-Sami, L'Audient, Le tout et toujours écoutant.
Il est Al-Mujîb, Celui qui répond, soulage
et secourt celui qui L'invoque d'un cœur sincère.

Prenez-vous le temps de regarder le ciel,
d'observer les étoiles et de contempler la lune ?

Prenez-vous le temps d'écouter les chants des oiseaux,
la mélodie du vent et le doux son de la pluie ?

Prenez-vous le temps d'aller au cœur de la forêt,
en haut de la montagne et au bord de l'océan ?

Prenez-vous le temps de voir, d'entendre
et de vous rendre là où la beauté de Ses Signes
est si manifeste ?

Là, on ressent un peu de répit et tant de Sa Paix...

Ne limite pas tes prières
en pensant que ça n'en vaut pas la peine
car tu es trop éloigné de Lui,
trop coupable ou encore trop brisé...

Ne prie pas en raison de ce que tu es
mais prie en raison de ce qu'Il est.

Il est l'Accueillant au repentir.
Il est Celui qui pardonne tous les péchés.[2]
Il est Celui qui tant que l'âme n'a pas atteint la gorge[3]
ne te condamne pas à ton propre sort.

Il est Le plus Doux, dont la Miséricorde, la Compassion
et l'Amour pour toi sont infinis...

Il est Celui qui dit seulement « sois » et cela est.

---

[2] *« Dis : "Ô Mes serviteurs qui avez commis des excès à votre propre détriment, ne désespérez pas de la miséricorde d'Allah. Car Allah pardonne tous les péchés. Oui, c'est Lui le Pardonneur, le Très Miséricordieux." » (Sourate 39, Ayah 53)*
[3] *« Lorsque le souffle de la vie remonte à la gorge (d'un moribond). » (Sourate 56, Ayah 83)*

L'amour ne menace pas de partir.
L'amour ne sème pas de doutes.
L'amour n'envahit pas de peurs et de craintes.
L'amour ne blesse pas. L'amour ne laisse pas seul.

Non, jamais...

L'amour tient par la main. L'amour sèche les larmes.
L'amour libère. L'amour mène vers ce qu'il y a de plus
beau et de plus élevé... L'amour reste.

Oui, toujours !

Ô Allah, permets à mon cœur d'aimer
celui que Tu aimes et à mes pensées d'évoquer
le nom de celui que Tes anges aiment mentionner
dans le ciel...[4]

---

[4] *Le Prophète ﷺ a dit : « Lorsqu' Allah aime un serviteur, Il appelle l'ange Jibrîl et lui dit : "J'aime untel, aime-le donc !" Jibrîl l'aime alors et s'écrie dans le Ciel : "Allah aime untel, aimez-le donc !" Alors, les habitants du Ciel l'aiment. »*
(Rapporté par Mouslim dans son Sahih n°2637)

Les Signes d'Allah sont en tout lieu ;
Dans la fleur qui éclot ;
Dans le ruisseau qui va ;
Dans la ligne de la paume qui se creuse ;
Dans la main qui se courbe et mendie ;
Dans la larme qui, avec peine, se verse ;
Dans le murmure d'une prière qui, avec espoir, s'élève ;
Dans le cœur où les nuages passent ;
Dans le cœur où le tonnerre gronde ;
Dans le cœur où le soleil se lève ;
Dans le cœur qui, envers et contre tout, bat...

Et quand je sens que mon cœur est prêt à lâcher,
je rassemble toutes les forces qu'il me reste
pour m'accrocher à Lui...[5]

Je m'accroche à Ses Paroles Divines
que je ne cesse d'écouter.

Je m'accroche à Ses Plus Beaux Noms
par lesquels je ne cesse de L'invoquer.[6]

Je m'accroche à Sa Promesse ;
celle qu'Il a faite aux patients et aux endurants.

Et comme une grâce, une miséricorde, un miracle...

Il est Celui qui, délicatement, rattrape mon cœur
avant sa chute et ses éclats en morceaux...

Pour le replacer fermement dans Sa salvatrice Foi.

---

[5] *« C'est Toi [Seul] que nous adorons, et c'est Toi [Seul] dont nous implorons secours. » (Sourate 1, Ayah 5)*
[6] *« C'est à Allah qu'appartiennent les noms les plus beaux. Invoquez-Le par ces noms (...) » (Sourate 7, Ayah 180)*

Dans ce monde où la brutalité semble
avoir envahi de plus en plus de cœurs...

Choisis de la combattre en répandant de la douceur,
là où ton regard se pose, là où tes pas te mènent,
là où ton esprit demeure...

Diffuse-la tout autour de toi et tout au fond de toi.

Laisse-la, tel le lever du soleil à l'aube
déchirant d'un trait de lumière l'obscurité de la nuit...

Apaiser la violence de la sombre pensée,
resplendir sur le cœur nuageux,
illuminer et secourir l'âme happée
si ardemment par les ténèbres...

Dans ce monde où la brutalité semble
avoir envahi de plus en plus de cœurs...

S'il te plait, choisis la beauté de la douceur.[7]

---

[7] *Le Prophète* ﷺ *a dit : « Certes celui à qui il a été donné sa part de douceur, il lui a été donné sa part de bien de l'ici-bas et de l'au-delà. » (Rapporté par l'Imam Ahmad et authentifié par Cheikh Albani dans Sahih Targhib n°2524. Hadith Sahih)*

Je ne peux m'empêcher de regarder vers le ciel.
Je n'ai que faire des visages ou du scintillement
de vos bijoux.

Rien n'est plus beau que la palette de couleurs
qui se dessine à l'horizon, que le lever du soleil,
que les nuages qui doucement passent,
que les oiseaux déployant leurs ailes
et volant au-dessus de nous.

Rien n'est plus captivant que la voute céleste
et ses constellations...

Que la lune au milieu de la nuit obscure, qui éclaire...

Je ne peux m'empêcher de tendre mon regard
vers le haut, car c'est là que mon âme aspire
à s'élever et à demeurer pour l'éternité...

Car c'est là où je pourrai enfin... Enfin, Le retrouver.

Ne dit-on pas que les plus belles choses
ne peuvent être vues par nos yeux,
mais uniquement avec notre cœur ?

Je pense que c'est pour cela qu'Allah
n'est pas visible à nos yeux en ce bas monde,
mais que Sa présence est si perceptible
dans les cœurs de ceux qui l'aiment véritablement...

Ma chère sœur,

Ne recherche pas dans leurs regards de quoi te sentir
belle, dans leurs sourires ce bien-être éphémère
et dans leurs paroles de quoi te faire battre le cœur
encore plus fort...

Cette quête est vaine et je te promets qu'elle te mènera
à ta perte...

Ton Créateur n'a-t-Il pas insufflé une âme éternelle
en toi ? N'a-t-Il pas fait de Ses anges, tes gardiens ?
N'a-t-Il pas soumis l'univers à ta survie ?

Ne t'a-t-Il pas permis d'être parmi ceux qui foulent
encore Sa terre et ainsi, pouvant encore prétendre
à Son Paradis ?

Ma chère sœur, ton existence a un but tellement
plus noble, tellement plus beau, tellement plus digne
et plus élevé que le monde actuel essaie de te faire croire...

S'il te plait, ne l'oublie jamais.

Même si votre bonté a occasionné parfois
des situations qui vous ont fait mal,
prenez la décision de toujours la choisir.

Non pas par naïveté, mais parce que ce sont vos actions
qui vous définissent...

Alors, choisissez toujours d'en commettre des belles...

Si tu es à Sa recherche plonge ton regard
dans l'innocence des yeux d'un nouveau-né,
tu y verras une manifestation de Sa Pureté.

Observe la feuille virevolter délicatement vers le sol,
tu y décèleras une manifestation de Sa Grâce.

Tends l'oreille à l'aube, quand les chants des oiseaux
embellissent le jour, tu y percevras une manifestation
de Sa Paix.

Regarde Ses fleurs de jasmin, d'oranger, et Ses roses,
colorer et embaumer le monde, tu y apercevras
une manifestation de Sa Douceur.

Va au cœur de la forêt, au bord de l'océan,
au sommet de Ses montagnes, tu y observeras
une manifestation de Sa Grandeur et sentiras la Sérénité
qu'Il a placé sur terre.

Purifie-toi, incline-toi et prosterne-toi devant Allah,
laisse ton cœur se recueillir, et assurément
tu y percevras Sa Proximité.

Écoute ton cœur battre sans répit et tu y discerneras
Son Amour Infini...

Sache que si tu as abandonné en toi-même,
Allah ne t'a pas abandonné, puisque ton cœur bat encore !

Alors, laisse Son Amour qui reconstruit, qui remplit,
qui apaise et qui guérit, te sauver de toi-même...

Car seul Son Amour en a le pouvoir...

Tu n'as pas traversé les ténèbres, le chaos, les tempêtes
et les orages, le désert et les montagnes pour rien.

Il t'a fait ressentir la douleur plus fort,
plus intensément, plus profondément, en ton âme
et en tes os, pour que tu réalises que rien ni personne
ne peut la taire si ce n'est Lui.

Il s'est fait connaître à toi par la souffrance
pour que tu réalises, qu'Il n'y a qu'en Lui
que la véritable paix se cache.

Il ne veut pas que tu sois en quête de ses mirages
comme la plupart des êtres sur terre,
car ton destin est d'atteindre le réel repos...

En Lui et uniquement en Lui Seul.

Non, tu n'as pas traversé tous ces tourments pour rien,
car lorsqu'on détient Sa Paix, en réalité,
on possède tout...

Tout ce qu'il y a entre la terre et le ciel, l'univers
et ses éléments, n'équivaut pas ce précieux miracle
qui t'est destiné d'avoir...

Et quand les larmes se versent,
et que le cœur se brise...

Tu es Celui qui toujours console
l'âme qui accourt se réfugier auprès de Toi.

Ô Toi, Le Seul et Unique Refuge,
de ceux qui des ténèbres aspirent
à Ta douce et paisible Lumière...

Et quand le vague à l'âme m'envahit,
mes yeux se dirigent vers le ciel,
à la quête de Tes étoiles
car elles ont le pouvoir de faire sourire
à nouveau mon âme.

Elles sont mon doux réconfort
puisqu'elles sont la preuve que,
même lorsque la nuit couvre le jour
et que l'obscurité semble plus forte que tout,
il y a toujours, en réalité, de la lumière.

Et il n'y a pas plus bel espoir
qu'en Tes Signes Manifestes,
Ô Seigneur de l'Univers !

Le véritable amour ne se perd jamais...
Il vainc le temps, la tempête, la chute,
et même la mort...

Le véritable amour ne se perd jamais...
Car deux âmes qui s'aiment, se retrouvent toujours...

Je ne vous dirai jamais de sourire
alors que votre cœur pleure...

Et jamais je ne vous dirai d'oublier
alors que chaque parcelle de votre être,
douloureusement, se souvient encore...

Je vous rappellerai seulement ce qu'Allah nous dit :

« *Ne craignez rien. Je suis avec vous : J'entends et Je vois.* » *(Sourate 20, Ayah 46)*

Car Lui seul a le pouvoir d'entendre
les cris inaudibles de votre cœur...

Et Lui seul a le pouvoir de voir
les invisibles et profondes cicatrices
qu'il y a en votre âme...

Et il n'y a que Lui qui pourra vous redonner
le sourire sincère venant d'une âme apaisée,
et de faire de vos souvenirs douloureux,
une véritable force.

Le véritable amour te trouvera...

Même si spécifiquement, stratégiquement, tu te caches de lui.

Car, lorsque Allah a décrété une chose, tout l'univers et les éléments conspirent ensemble pour que cela arrive.

Alors, ne cours pas après un amour vain qui ne te mènera qu'à ta propre perte...

Patiente et vois la beauté de Son Plan ![8]

---

[8] *« S'Il te veut un bien, nul ne peut repousser Sa grâce. » (Sourate 10, Ayah 107)*

Lorsque tu te sens plus bas que terre,
rappelle-toi...

Allah a placé dans tes os, dans tes veines,
dans ton cerveau et dans ton cœur,
tous ces éléments venus tout droit
de poussières d'étoiles...[9]

Allah a mis l'univers en toi,
alors tu n'es pas fait pour rester au sol,
tu es fait pour t'élever !

« Nous leur montrerons Nos signes dans l'univers et en eux-mêmes. » (Sourate 41, Ayah 53)

---

[9] *« Notre corps est formé de près de 97% d'éléments venant d'événements cosmiques, nous sommes un ensemble de poussière d'étoiles. Tout ce qui constitue notre organisme : Nos os, nos muscles, notre peau sont des tissus vivants composés de molécules, elles-mêmes constituées d'atomes de carbone, d'oxygènes, de fer, d'azote, de calcium. Tous ces éléments ont été fabriqués au cœur des étoiles. Ce sont les mêmes atomes que l'on retrouve dans les arbres, les fleurs etc. »* - Fait scientifique

Et peut-être qu'il a fallu que tu tombes, si bas...
Pour que tu t'accroches qu'à Lui Seul,
et que non seulement, tu te relèves
mais que tu t'élèves, si haut !

Sois comme l'oiseau déployant ses ailes,
dansant à travers le vent au son de Ses Louanges,
se détachant de ce monde pour tendre,
avec grâce, vers le ciel ![10]

---

[10] *« N'as-tu pas vu qu'Allah est glorifié par tous ceux qui sont dans les cieux et la terre; ainsi que par les oiseaux déployant leurs ailes ? » (Sourate 24, Ayah 41)*

Allah nous dit dans Son Livre Sacré
qu'il n'y a pas une seule feuille qui ne tombe
sans qu'Il ne le sache...[11]

Alors, ne pense pas être seul, lorsque tes larmes
se versent, car, en réalité, Il est Celui qui prend en compte
chacune d'entre elles et qui est aussi proche de toi,
à ce moment-là, que ton propre cœur...

---

[11] *« Et par une feuille ne tombe qu'Il ne le sache. » (Sourate 6, Ayah 59)*

Qui pourrait séparer deux cœurs
qu'Allah a décidé de lier ?

Qui pourrait briser le lien
qu'Allah a voulu unir ?

Qui pourrait taire l'Amour véritable
qu'Allah a délicatement fait naître ?

Rien ni personne.

Car rien n'est plus fort que Son décret...
Et rien n'est plus grand que ce miracle !

Prie même si tu n'as pas prié depuis longtemps ;
Prie même si tu t'écroules sous le poids de tes péchés ;
Prie même si tu ne t'en sens pas digne ;
Prie même s'il ne te reste plus qu'un murmure...

Prie, car il n'y a qu'en te prosternant qu'Allah allégera le lourd fardeau que tu portes sur tes épaules...

Une personne peut briser votre cœur
et endommager votre fierté...

Mais ne lui donnez jamais le pouvoir
de détruire votre Foi.

Car c'est en elle que réside votre plus belle dignité
et c'est par elle que vous vous reconstruirez...

Tu es si précieux et tant aimé par Le Tout-Miséricordieux,
que la première chose qu'Il regardera après ta prière,
quand tu reviendras à Lui, c'est ton cœur
et comment tu en as pris soin...[12]

---

[12] *« L'ouïe, la vue et le coeur : sur tout cela, en vérité, on sera interrogé. » (Sourate 17, Ayah 36)*

Parfois tu te rappelleras les ténèbres,
que tu as pendant si longtemps traversées...

Et la douleur des souvenirs te montera aux yeux,
et augmentera le rythme de ton cœur...

Qui battra encore plus fort d'Amour
pour Celui qui l'a sauvé...

Et si à travers la contemplation des roses,
Allah nous éveille à la Beauté ?

Et si à travers la contemplation des étoiles,
Allah nous éveille à la Lumière ?

Et si à travers la contemplation du lever du soleil,
Allah nous éveille à la Bonté ?

Et si à travers l'introspection de notre cœur,
Allah nous éveille à Son Amour ?

J'ai été confrontée aux parties les plus sombres
d'êtres dont les âmes étaient livrées au Diable.

J'ai vu la colère qui les rongeait, la destruction
qu'ils perpétraient sur leur passage.

J'ai vu que leurs mots n'étaient que pierres
et leurs gestes, que coups.

J'ai vu la déchéance, la folie, la maladie du cœur
et du corps. J'ai vu la mort.

J'ai aperçu sur cette terre, l'enfer.

Mais dans les ténèbres, il arrive un jour où Allah
nous montre la lumière.

Et c'est à ce moment-là qu'il faut la poursuivre
en restant les yeux focalisés sur cette lueur.

Il faut s'accrocher même si on est à bout de force,
il faut ramper, il faut lutter.

Il faut fermer les yeux sur l'obscurité qui nous entoure
et ouvrir ses yeux uniquement sur Son secours.

Faites un pas vers Lui, et Il s'approchera de vous.

Suivez Sa voie, Il vous fera sortir des tréfonds pour vous ramener à la surface.

Et enfin, vous respirerez, comme si une nouvelle vie vous avait été donnée.

Et des ténèbres à la lumière[13], trouvant la force
et l'espoir qu'en Lui, vous vous retournerez,
fier d'avoir mené cette guerre...

Fier que ceux qui voulaient vous voir à terre,
vous voient désormais, courageusement, debout.

---

[13] *« Allah est l'Al Wali {le Très Proche} de ceux qui ont la foi : Il les fait sortir des ténèbres à la lumière. » (Sourate 2, Ayah 257)*

Il y a ces êtres rares, dont l'Amour
qu'ils éprouvent pour Allah est si grand,
si vaste et si profond à l'image de leurs âmes…

Que si nous devions chercher leurs cœurs,
nous devrions tout d'abord trouver Allah.

Ô vous qui avez reçu le don d'un cœur tendre,
ne laissez pas la dureté de ce monde vous le prendre,
car, c'est la plus belle chose que vous détenez en vous.[14]

---

[14] *Le Prophète ﷺ a dit : « La douceur n'a jamais été présente dans une chose sans qu'elle ne l'ai embellie et la dureté n'a jamais été présente dans une chose sans qu'elle ne l'ai enlaidie et certes Allah est doux et Il aime la douceur. » (Rapporté par Al Bazar et authentifié par Cheikh Albani dans Sahih Targhib n°2672. Hadith Hasan Sahîh)*

Il y a des hommes qui chercheront
à atteindre ton cœur.

Leurs gestes seront doux, leurs mots seront miel.

Tu t'y sentiras bien ; un sourire aux lèvres.

Peu à peu, l'un d'eux envahira tes pensées
et nuit et jour, elles dessineront son visage.

Petit à petit, tu lui offriras chaque parcelle de ton cœur
et entièrement, tu le déposeras dans ses mains.

Un jour, il heurtera ce qu'il aura entre ses doigts
car ce que tu lui auras donné est bien plus précieux
et plus fragile que du cristal.

Seul Le Plus Doux au-delà de toute douceur,
peut en prendre soin…

Et tu comprendras qu'Il ne l'enseigne qu'à ceux
qui suivent Son chemin sans entraver Ses Lois,
car Ses sages limites ne sont là que pour protéger
et honorer ton si délicat et inestimable cœur…

Alors, préserve-le et ne l'offre qu'à celui
qui n'a dédié le sien qu'à L'adorer.

Sur toi, Allah a répandu Sa Grâce en faisant pleuvoir
de larmes ton cœur et tes yeux...

Pour que fleurisse dans ton âme
ce qu'il y a de plus pur et de plus beau...

Ne parlez jamais sous le coup de la colère[15]
et n'agissez pas contre l'autre
quand votre cœur brûle de douleur,
vous pourriez alors prononcer des mots
et réaliser des gestes qui heurteraient une âme
à tout jamais...

Votre fardeau ne s'allégera pas
en ajoutant du poids sur le cœur d'un autre.

Même si celui-ci vous a causé de la peine,
soyez cet être rare qui répond à la dureté
par la belle patience...

Sachant que son calme le mènera toujours,
vers le lieu ultime de Paix et de chaleureuse Lumière...[16]

---

[15] *« Et concourez au pardon de votre Seigneur, et à un Jardin (Paradis) large comme les cieux et la terre, préparé pour les pieux, qui dépensent dans l'aisance et dans l'adversité, qui dominent leur colère et pardonnent à autrui, car Allah aime les bienfaisants. » (Sourate 3, Ayat 133,134)*

[16] *Le Prophète ﷺ a dit : « Celui qui est facile à vivre, calme et doux, Allah l'interdit à l'enfer. » (Rapporté par Al Bayhaqi et authentifié par Cheikh Albani dans Sahih Al Jami n°6484. Hadith Sahîh)*

Dépose ton cœur entre les mains d'Allah,
si bien que plus rien ni personne
ne pourra encore le briser.

Ne fais pas attention à ceux qui te regardent de haut.

Ils ne savent pas que le fait que tu sois encore debout,
en dépit de tout ce que tu as enduré
est un véritable miracle.

Continue à avancer même si ton chemin
ne ressemble pas à la plupart des autres chemins,
car le tien a été plus jonché d'épines
que parsemé de fleurs.

Avance, malgré tes pieds écorchés
et les bleus que tu portes en ton cœur...

Allah transformera chacune de tes blessures en lumière
et chacun de tes pas en un effort reconnu.

N'en doute plus et continue à avancer vers Lui,
la destination en vaut tellement la peine...[17]

---

[17] *« Ce jour-là, il y aura des visages épanouis, contents de leurs efforts, dans un haut Jardin, où ils n'entendent aucune futilité. » (Sourate 88, Ayat 8,9,10)*

N'ayez jamais honte des cicatrices
que porte votre cœur...

Voyez en elles, un rappel.

Un rappel de votre résilience, de votre force
et de Son Secours.

La patience est douloureuse.

Elle tire sur nos corps et nos cœurs
si bien qu'on ait peur de ne pas être assez élastique
pour tenir jusqu'au bout...

Si l'on désespère et que l'on baisse les bras,
alors le fil invisible entre l'épreuve et sa fin, se rompt,
et nous voilà projetés brutalement en arrière...

Mais si l'on s'accroche de toute notre force
et de toute notre foi...

Alors, arrive un jour où l'on est propulsé en avant
dépassant même le soulagement pour être là
où notre imagination n'a jamais osé s'aventurer !

La patience est douloureuse...

Mais qu'elle est belle la destination où elle nous mène ![18]

---

[18] *« Sois patient. La fin heureuse sera aux pieux. »* (Sourate 11, Ayah 49)

J'ai demandé à Allah Son Secours,
Il a fait alors apparaître sur mon chemin,
des êtres aux cœurs lourds,
à qui tendre la main...[19]

---

[19] *Le Prophète ﷺ a dit : « Le Miséricordieux fait miséricorde à ceux qui sont miséricordieux. Faites miséricorde à ceux qui sont sur la terre alors Celui qui est dans les cieux vous fera miséricorde. » (Rapporté par Tirmidhi dans ses Sounan n°1924. Hadîth Sahîh)*

Le sommeil ne t'aidera pas
si c'est ton âme qui est fatiguée...

Seul Celui qui redonne vie, Al-Muhyi,
a le pouvoir de la revivifier.

Alors, lève-toi et sors de ta torpeur...

Tourne-toi vers la prière,
là où ton âme retrouvera souffle.
Là où ton âme retrouvera vie.[20]

---

[20] *« Et place ta confiance en Le Vivant qui ne meurt Jamais. » (Sourate 25, Ayah 58)*

Ô Allah, Al Latif, Le Subtilement Doux,
c'est à Toi que je donne mon cœur,
car il n'y a que Toi qui peut le protéger, le préserver
et l'aimer sans jamais le heurter ou le briser.[21]

Ô Allah, Al Wadud, Le Tout-Aimant,
c'est à Toi que je donne tout mon amour,
car Tu accordes Ton amour à celui qui t'aime
et Ton Amour est limpide, pur, infiniment grand
et éternel.[22]

Ô Allah, Le Plus-Doux au-delà de toute douceur,
le Plus-Aimant au-delà de tout amour,
c'est à Toi que je donne tout mon être,
car il n'y a que Toi qui voit ces invisibles blessures...

Il n'y a que Toi qui entends ces silences
et il n'y a que Toi qui le défendras le Jour où l'injustice
s'éteindra et que Ta paix enfin régnera...

---

[21] *« Mon Seigneur est plein de douceur pour ce qu'Il veut. » (Sourate 12, Ayah 100)*
[22] *« Mon Seigneur est vraiment Miséricordieux et plein d'Amour. » (Sourate 11, Ayah 90)*

« Allah appelle à la demeure de la paix... » (Sourate 10, Ayah 25)

C'est uniquement ce qu'Il veut pour toi
et tout ce qui parvient sur ton chemin
a pour but de t'y mener.

Là où tu trouveras l'éternelle paix,
là où tous tes chagrins disparaîtront
pour faire place à l'infinie joie !

Les personnes les plus fortes ne sont pas celles
qui ne ressentent pas la douleur...

Les personnes les plus fortes sont celles
qui profondément la ressentent
et qui, malgré son immense intensité,
n'abandonnent jamais en se focalisant
sur ce qui est plus grand encore :

Allah !

Un jour, lorsque tu te retourneras
et que tu regarderas le chemin parcouru,
tu ne pleureras plus.

Oh ! Tu sentiras peut-être ton cœur qui se serre,
tes paupières un peu plus fébriles
et des frissons arpenter tout ton corps,
quand tu reverras les ténèbres que tu as traversées,
les tempêtes que tu as affrontées
et les déserts que tu as parcourus...

Mais les larmes de tristesse ne couleront plus
et un doux sourire survenant de ton âme apaisée,
à la place, se dessinera sur ton visage.

Car tu sauras alors, du plus profond de ton être,
qu'en bravant tous ces éléments,
Allah dans Sa Sagesse, en réalité,
te façonnait pour ta destinée.

Et les destins les plus beaux,
ne viennent-ils pas des prémices les plus sombres ?

Crois-y très fort et ne cesse de te dire qu'Allah élève
toujours, toujours, les endurants luttant pour L'atteindre.[23]

---

[23] *« Ô les croyants ! Cherchez secours dans l'endurance et la salat. Car Allah est avec ceux qui sont endurants. » (Sourate 2, Ayah 153)*

Sème pour la vie éternelle en cette vie éphémère
et Allah te révélera ce que tes yeux
et ton esprit ne peuvent imaginer...[24]

---

[24] *« Qui vise à ensemencer pour l'Au-dela, Nous lui ferons croître l'ensemencement. Et qui vise à ensemencer pour l'ici-bas, Nous lui accorderons une part et dans l'Au-delà, il n'aura pas de part. » (Sourate 42, Ayat 20)*

Lorsqu'on invoque Allah, nous Lui parlons
et lorsqu'on lit le Coran, c'est Allah qui nous parle.

Seuls ceux qui l'aiment véritablement vont à Son Livre
comme ils vont vers leurs êtres chers...

Lorsqu'on a besoin de soutien, de courage, d'espoir,
de guidance, de réconfort...

Quoi de mieux que d'aller puiser en Ses Sages Paroles
ce qui remplit le vide de notre cœur ?

Placez votre cœur en pleurs entre les mains d'Allah
et Il sera Celui qui redonnera le sourire à votre âme.

Tes paumes vers le haut, ton âme au bout des lèvres,
envoie à Allah ta douleur, tes tourments et tes peurs...

Il les transformera en une pluie de pétales de fleurs
qui se déversera paisiblement sur ton cœur.

Un doux parfum d'espoir et de sérénité
embaumera alors chaque parcelle de ton être...

Chaque parcelle de ton cœur...

Imaginez alors qu'Allah a repris votre âme,
qu'il y a des fleurs qui fleurissent
encore d'arbres que vous avez jadis plantés
et que des fruits nourrissent à certaines saisons
des oiseaux et des êtres affamés.[25]

Imaginez alors que vous êtes dans l'obscurité
de votre tombe, que grâce à l'eau jaillissant
du puits que vous avez autrefois construit,
qu'il y a chaque jour un cœur et un corps apaisés.[26]

Imaginez que grâce à la beauté de vos mots
et de vos gestes, l'empreinte de votre bonté
perdure toujours parmi ceux qui ont croisé,
un jour, votre chemin ici-bas.

Imaginez alors que vous avez rejoint le monde
des défunts, que votre lumière soit encore
et toujours parmi le monde des vivants...[27]

---

[25] *Le Prophète ﷺ a dit : « Tout musulman qui plante un arbre duquel mange un être humain, une bête ou un oiseau, se verra compter une bonne action pour cela au Jour de la résurrection. » (Mouslim, Riyâdh As-Sâlihîn, n°135)*
[26] *Le Prophète ﷺ a dit : « La meilleure aumône est de donner de l'eau à boire. » (Abou Ya'la et authentifié par Cheikh Albani dans Sahih Al Jami n°1113. Hadith Hasan)*
[27] *Le Prophète ﷺ a dit : « Lorsqu'une personne meurt, toutes ses œuvres sont interrompues sauf trois : Une aumône continue (sadaqa jariya), une science bénéfique propagée ou un enfant pieux qui fait des invocations en faveur de ses parents. » (Mouslim, Riyâdh As-Sâlihîn, n°1383)*

J'ai le tendre souhait que mon âme soit aussi douce
qu'une fleur de coton et aussi parfumée
qu'une fleur de jasmin...

J'ai le tendre souhait que, par Sa Grâce,
mon âme soit un éternel jardin...

Lorsque dans ta poitrine, ton cœur se déchire,
la douleur est lancinante…

Lentement, elle se propage dans chaque recoin
de ton être jusqu'à tes plus profondes pensées…

Elles te maintiennent éveillé la nuit
et te réveillent inquiet et meurtri, le jour…

Et te voilà pris dans un cercle vicieux
où l'épreuve qui t'a touché un jour,
te touche indéfiniment chaque jour encore…

Mais si tu jettes l'ancre de l'épreuve hors de ton cœur,
bien que la tâche soit lourde et difficile,
elle n'aura plus d'emprise sur toi.

Détache-toi d'elle, douce âme…
Et je te promets que la paix intérieure viendra à toi.

De toutes mes douleurs,
une vie sans Toi, Ô Allah, serait la plus grande.

Je sens que si je Te garde dans mon cœur,
alors le fardeau à porter sera supportable
et la montagne à gravir, surmontable...

Je sens que si je Te garde en mes pensées,
alors l'obscurité sera chassée
et Ta Lumière doucement apaisera
et guérira mon âme...

La fleur donne toujours ce qu'il y a de meilleur en elle,
embaumant délicatement le monde
de son doux parfum...

Elle s'ouvre sans bruit, sans heurt,
se servant de la pluie, du vent, de la lumière
pour accroître encore et encore...

Elle pousse, peu importe là où elle a été semée,
s'élevant toujours avec grâce et beauté...

Inspire-toi d'elle pour que ton âme,
avec splendeur, puisse aussi s'épanouir !

Peu importe à quel point ton cœur a mal
et à quel point ton âme se déchire...

Si tu as Foi en Lui, tu survivras.

L'amoureux ne pense-t-il pas nuit et jour à l'être aimé ?
Tel est celui qui aime véritablement Allah...

Ses lèvres ne se lassent pas de mentionner Son Nom
et de proclamer Sa Louange...

Ses yeux ne se fatiguent point à la lecture de Ses Écrits
et partout où ils se posent, ils ne voient que Ses Signes !

Son front ne s'apaise que lorsqu'il se prosterne
et sa voix ne s'élève que pour l'appel à la prière...

Ses oreilles ne se réjouissent qu'à l'écoute
de la beauté de Ses Paroles...

Ses paumes deviennent si légères quand elles se dirigent
vers le ciel et elles deviennent si fortes
quand elles s'efforcent de relever celui qui est à terre...

Son cœur ne bat plus fort pour rien d'autre
que pour Lui Seul et ne se déchire
que lorsqu'il erre loin de Sa Proximité.

Et son âme... Oh son âme !
N'attend que de se libérer pour enfin Le retrouver.

Certains voudraient nous mettre plus bas que terre mais ne savent-ils pas, que c'est comme si Allah nous donne des ailes, lorsqu'on L'a pour soutien ?

La chute ne nous fait pas tomber, elle nous élève ![28]

---

[28] *Le Prophète ﷺ a dit : « Il n'y a aucun serviteur qui subit une injustice à laquelle il patiente pour Allah sans que cette injustice ne soit une cause pour qu'Allah affermisse son secours envers lui. » (Rapporté par l'Imam Ahmad et authentifié par Cheikh Albani dans la Silsila Sahiha n°2231. Hadith Isnad Jayyid)*

Ô Seigneur ! Permets à mes lèvres
de ne jamais cesser de T'évoquer,
à mon regard de ne jamais cesser de Te rechercher
et à mon cœur de ne jamais cesser de T'aimer...

Comme Allah a divisé la mer en deux
pour frayer un chemin à ceux
qui n'avaient plus d'issues.[29]

Comme Il a élevé en une nuit,
au-delà des nuages et des cieux,
celui pour qui les jours sur terre
étaient devenus trop durs et trop hostiles.[30]

Comme Il a délivré du fin fond d'un puits
et du fin fond d'une prison,
celui qui attendait avec patience
la réalisation de son rêve d'enfant...[31]

Il viendra à toi de tout Son Secours,
si de tout ton cœur tu te tournes à Lui !

---

[29] *Il s'agit de l'histoire du Prophète Musa (alayhi salam)*
[30] *Il s'agit du voyage nocturne et l'ascension du Prophète Muhammad* ﷺ
[31] *Il s'agit de l'histoire du Prophète Yusuf (alayhi salam)*

Mon cœur se languit de toi, Ô Ramadan !

Plus les jours réduisent la distance entre toi et moi et plus mon cœur se serre...

Pas d'effroi, pas de peur, non...
Mais d'amour... Juste, d'amour...

Ô Allah, pour Toi, j'étancherais ma faim et ma soif,
en nourrissant mon âme de Tes paroles,
et en abreuvant mon cœur de Ta présence...

Et lorsque tu te sens si seul,
n'oublie pas qu'Allah n'a envoyé aucune âme sur terre
sans qu'il n'y ait des gardiens célestes[32] auprès d'elle...

Il y a des anges tout autour de toi.[33]

De par leurs majestueuses ailes,[34]
ils te protègent, te soutiennent et t'élèvent
quand tu es si près de la chute...

Tu n'es pas seul. C'est seulement ton cœur
qui ne perçoit pas Son Amour qui t'accompagne...

À chaque nouvelle seconde,
à chaque nouveau souffle,
à chaque nouveau pas...

---

[32] *« Il n'est pas d'âme qui n'ait sur elle un gardien. » (Sourate 86, Ayah 4)*
[33] *« Il [l'homme] a par devant lui et derrière lui des Anges qui se relaient et qui veillent sur lui par ordre d'Allah. » (Sourate 13, Ayah 11)*
[34] *« Louange à Allah, Créateur des cieux et de la terre, qui a fait des Anges des messagers dotés de deux, trois, ou quatre ailes. » (Sourate 35, Ayah 1)*

Que c'est doux de rappeler à son âme,
quand avec douleur elle suffoque...

Que son existence, avec amour,
émane du Souffle[35] du Tout-Miséricordieux !

---

[35] « (...) *Dès que Je l'aurais harmonieusement formé et lui aurait insufflé Mon Souffle de vie.* » *(Sourate 15, Ayah 29)*

Vous méritez l'Amour, le vrai !

D'une personne qui percevra les guerres qui font ravages
en vous et qui hissera délicatement et paisiblement
un drapeau blanc sur votre cœur...

D'une personne dont les paroles illumineront tels de doux
rayons de soleil vos brumeuses pensées, et dont les gestes
vous aideront à apprendre à de nouveau vous aimer.

D'une personne qui vous tendra sincèrement la main
et qui ne la lâchera pas quand vous trébucherez
et qui la tiendra encore plus fort quand vous serez
près de la chute...

D'une personne, qui, guidée par l'Amour d'Allah,
vous mènera vers la destination où vos âmes
seront unies pour l'éternité.

Vous méritez l'Amour, le vrai !

Ne vous vous contentez jamais de moins, ne vous vous
contentez jamais d'un amour qui ne s'en approche pas.

Attendez ce genre d'Amour, même si vous devez attendre
des années et des années encore...

Faites le choix d'offrir ce précieux Amour à votre cœur.

Ouvre ton cœur à Son Infinie Lumière,
qu'il puisse enfin fleurir et offrir à ce monde
le plus doux de son parfum...

Ô je pourrais de mes doigts
et de mes mots sécher tes larmes,
mais je ne veux pas juste qu'elles sèchent,
je veux que de couler, elles cessent...

Je ne veux pas rester à la surface de ton visage.
Je veux aller, en dessous, jusqu'à la source
de tes peines et de ta rage...

Là où se trouve ton conflit intérieur qui te malmène
et qui te tiraille.

Là où je te dirais que c'est ici que tu dois livrer bataille.

Ô je pourrais de mes doigts
et de mes mots sécher tes larmes...

Mais je ne veux pas juste voir le sourire de tes lèvres,
je veux sentir la paix de ton âme...

Son Amour est en toi...

Tente de te le rappeler lorsque égaré,
à nouveau tu Le chercheras...

Telle que la terre se libérera de ses fardeaux,[36]
toutes les larmes et les oeuvres[37] contenues dans
les coeurs trop lourds, se déverseront d'un élan d'amour
et d'espoir, auprès du Seigneur des Mondes !

---

[36] « La terre fera sortir ses fardeaux » *(Sourate 99, Ayah 2)*
[37] « *Ce jour-là, les gens sortiront séparément pour que leur soient montrées leurs oeuvres.* » *(Sourate 99, Ayah 6)*

Préserve ton cœur, ne le brise pas plus qu'il ne l'est,
en ressassant, sans cesse, ce qui l'a détruit.

Concentre-toi uniquement sur Al-Jabbâr,
Celui qui restaure, Celui qui répare,
Celui qui reconstitue ce qui est morcelé.

Peu importe la profondeur des brisures,
et à quel point cela te semble impossible...

Il a non seulement le pouvoir de reconstruire
ton cœur, mais, également, de le rendre beaucoup
plus beau qu'il ne l'était auparavant !

Alors, place uniquement ton cœur entre Ses mains.

Regarde-moi avec douceur,
parle-moi avec bienveillance
et offre-moi tes plus belles pensées...

Accorde-moi ta lumière, entoure-moi d'elle
et protège-moi, par elle.

Donne-moi le meilleur de toi-même,
pour que je puisse, moi aussi,
t'offrir ce que j'ai de plus beau.

Et quand la partie sombre se manifestera,
car elle ne disparaît jamais tout à fait...

Je saurai et tu sauras qu'on est beaucoup plus que ça.

Mon cœur s'est brisé encore et encore...
J'ai chuté de plus en plus bas...
et je me suis fait du mal de plus en plus fort...

Jusqu'à que je cesse de chercher une issue sur terre
et que je me tourne enfin vers le ciel...

Que je me détourne des Hommes
pour me tourner, uniquement, vers Allah...

Puis, le brisement, la chute, le mal sont devenus
les plus belles choses qui me soient arrivées
puisque cela m'a conduit à la beauté de Son secours,
la douceur de Sa paix, le pouvoir de Son amour
que ressentent si profondément ceux qui L'ont trouvé !

Plus on efforce nos pensées à peindre Son Nom,
plus de belles choses se dessinent à l'horizon...

Elles accostent à notre rivage
et colorent notre monde
avec tant de grâce et de beauté.

Ce n'est pas de la magie, non !

C'est juste le pouvoir de Son Souvenir
dans nos cœurs...[38]

---

[38] *« N'est-ce point par l'évocation d'Allah que se tranquillisent les cœurs ? »*
(Sourate 13, Ayah 28)

Mais ma belle...

Ces hommes partent parce que La Vie
veut que tu comprennes que tu n'as pas besoin d'eux
pour déployer tes ailes et t'élever à la hauteur
de tes rêves !

Alors, vole... Vole !

Pour moi...

Le plus beau des amours est celui qui élève ton âme
et augmente l'amour d'Allah dans ton cœur.

C'est celui qui sait te regarder en profondeur
derrière la surface de ton visage et de ton corps
et y voit de la beauté...

Même lorsqu'il y a des luttes et des souffrances.

Le plus beau des amours est celui qui révèle
la meilleure partie de toi-même et la fait croître
encore et encore...

C'est celui qui éveille ta compassion et ta bonté.
C'est celui qui, main dans main, te mène avec amour
à être toujours dans la voie de La Source de tout amour...

C'est celui qui sur le chemin t'arrête devant l'affligé
et l'opprimé, ne te poussant pas à les ignorer
mais à leur tendre la main et le cœur...

C'est celui qui te dit : « *Viens, construisons un monde meilleur...* »

Aujourd'hui, peut-être que tu es à terre,
incapable de faire un pas,
incapable d'avancer...

Mais tiens bon,
je te promets que bientôt,
tu auras les ailes pour voler !

Ô âme brisée !

Sache que Sa Lumière est le plus précieux des trésors
que l'on peut détenir en soi.

Il en répand dans nos fêlures, non en les effaçant
mais au contraire en les sublimant.

Il déverse dans nos ruines Sa Lumière comme de l'or
à travers les fissures…

L'histoire destructrice passée qui les a causées
est alors tant magnifiée…

Et rien n'est désormais plus beau, que ces étincelantes
vastes et profondes cicatrices qui parcourent l'âme jadis
sombre, aujourd'hui, tant lumineuse…

Ne t'endors pas sans avoir fait tes prières
car sans elles tout est vain.[39]

Les sourires, les jouissances, les efforts
et les mains tendues.

Tel le parfum des fleurs s'épanouissant au cœur
du printemps, si doux et réjouissant sur l'instant
mais si éphémère pourtant...

---

[39] *Le Prophète ﷺ a dit : « La première chose sur laquelle le serviteur sera jugé le jour de la résurrection est la prière, si elle est bonne les autres actes seront bons et si elle n'est pas bonne les autres actes ne seront pas bons. » (At-Tirmidhi, n°413. Hadith Sahih)*

Ô toi qui poursuis la quête de l'Amour !

As-tu apprivoisé ton cœur ?
As-tu pu y pénétrer, aller dans chacun de ses recoins
et dans ses profondeurs ?

As-tu œuvré pour l'embellir, l'enrichir,
l'élever et atténuer sa noirceur ?

As-tu pris le temps d'écouter sa mélodie unique[40]
et réalisé sa si grande valeur ?

Ô toi qui es à la poursuite de l'Amour... Va !

Va d'abord le trouver en ton for intérieur
avant d'aller le chercher partout ailleurs...

Car comment pourrait-on véritablement aimer lorsque
nous n'avons pas nous-mêmes emprunté le chemin
qui mène à notre propre cœur ?

---

[40] *« Chaque personne dispose d'une fréquence cardiaque unique. »* - *Fait scientifique*

Des profondeurs de l'âme de celui qui les récite,
les Paroles Divines s'élèvent vers les cieux,
atteignant les planètes, les étoiles et les nébuleuses...
Touchant, les Anges[41] et les cœurs attachés à l'au-delà...[42]

---

[41] *Le Prophète ﷺ a dit : « Et certes la maison dans laquelle est lu le Coran est regardée par les gens du ciel [Les anges] de la même manière que les gens de la terre regardent les étoiles. » (Al Bayhaqi, 1829. Hadith Sahih)*
[42] *« Allah a fait descendre le plus beau des récits, un Livre dont [certains versets] se ressemblent et se répètent. Les peaux de ceux qui redoutent leur Seigneur frissonnent (à l'entendre); puis leurs peaux et leurs coeurs s'apaisent au rappel d'Allah. » (Sourate 39, Ayah 23)*

Et tandis que mes pas foulent la terre,
mon cœur s'élance vers le ciel.

Je suis ici et ailleurs.

Être attachée à l'au-delà puisqu'ici-bas
manque douloureusement de hauteur...

Être attachée à l'au-delà, puisque Allah
Le Plus-Grand, Le Plus-Haut, m'y appelle ![43]

---

[43] *« C'est à Allah qu'appartient la royauté des cieux et de la terre. Et vers Allah sera le retour final. » (Sourate 24, Ayah 42)*

Je sais à quel point on peut être en perdition
lorsque nous sommes loin de Sa guidance.

Je sais à quel point on peut se sentir vide
lorsqu'on remplit notre cœur de tout ce qui n'est pas Lui.

Je sais à quel point on peut être envahi par les ténèbres
lorsque nos regards se ferment à Sa lumière.

Mais je sais, lorsque soudain, la véritable vue
nous est rendue et que le voile entre nous et Lui
se déchire, que Son Amour est le remède
de tous nos maux.

Je le sais, c'est pour cela que je souhaite que tu en prennes
conscience et que tu en sois si convaincu que ton âme
et tes pas ne recherchent plus que Lui Seul.

Car je saurai alors, que tu es sur le chemin – combien
difficile et sinueux est-il – te menant à Son Secours
et à Sa Paix.

Alors, s'il te plait :

« Lève-toi, et à ton Seigneur aspire ! » (Sourate 94, Ayat 7,8)

C'est dans la prière que j'ouvre mon cœur...
Comme se déploient des ailes,
il vole...

Dépassant un instant ce monde,
pour se nicher entre Ses Mains...

Elle prend à la gorge,
elle est au bord des yeux,
elle pèse sur le cœur,
elle parcourt tout le corps...

La douleur...

Mais laisse-la sortir,
du bout de tes doigts,
fais-en un art...

Qui transforme le mal en lueur
au fond de toi et tout autour de toi...

Tu es né pour répandre la lumière
dans l'adoration de Ton Seigneur !

Allah t'aime !

Allah t'aime plus que tu ne peux l'imaginer
et la preuve de Son immense Amour pour toi,
se révélera à ton cœur et à tes yeux !

Alors s'il te plaît, apaise ton beau cœur
et sèche tes larmes...

Rappelle-toi de Son Amour quand tout est chagrin.

Ô Allah !

Sonde l'esprit inquiet et meurtri
décrépité par les jours sans vie,
où l'immondice des pensées taraude dès l'aube
jusqu'au crépuscule, où tels des fantômes,
elles surgissent dans les méandres de l'esprit
et hantent les nuits d'insomnie.

Oh sonde l'esprit inquiet et meurtri
et va dans les fissures les plus profondes de l'âme
y répandre Ta Lumière infinie, capable
de détruire toute obscurité, toute infamie
tout mal, toute barbarie !

Oh sauve ! Ressuscite ! Fais revenir à la vie !

Il y a ces êtres qui sont comme des pétales de rose
sur notre chemin...
Des lucioles à travers la sombre nuit...
Des chants d'oiseaux qui adoucissent notre cœur...
Et de tendres rayons de soleil qui réchauffent nos vies !

Ne fais pas de ta tristesse et de tes péchés
des murs qui s'érigent entre toi et Allah...

Mais fais-en des ponts qui te ramènent
au plus près de Lui et de Ses Jardins Éternels...[44]

---

[44] *« Hâtez-vous vers un pardon de votre Seigneur ainsi qu'un Paradis aussi large que le ciel et la terre.(...) » (Sourate 57, Ayat 21)*

Ô toi, l'âme au mille et un chagrins.

Ô toi, à l'âme aussi profonde que le vide
qu'il y a en toi.

Ô toi, l'âme errante dans les ténèbres de ton monde.

Ô toi, à l'âme aussi brisée que les larmes
qui s'effondrent en toi.

Ô toi, l'âme fatiguée par les coups et les blessures
qui lui ont été infligés.

Ô toi à la belle âme, emprunte la voie qu'Allah
a choisi pour elle...

Et je te promets que la lumière qu'Il déposera en elle
transcendera son obscurité et celle de ce monde !

Ô Allah, qu'est-ce que cela peut-il me faire,
si toutes les portes me sont fermées...

Si tu m'ouvres la porte de Ton Amour !

Peut-être ressens-tu la prière tel un fardeau
et que tes pas deviennent de plus en plus lourds
lorsque tu vas à elle...

Plus tu te rapproches, plus en tes pensées tu t'en éloignes.

Et lorsque tes mains s'élèvent enfin,
c'est comme si elles portaient le poids de ce monde...

Et quand ton front touche le sol,
c'est comme si ton cœur lourd comme une pierre vacillait
et se heurtait douloureusement à ton corps las
et éreinté par l'exercice...

Mais je te promets que lorsque tes pas
seront véritablement guidés par Son Amour,
tes gestes empreints de Son Souvenir
et que ton cœur cessera de battre plus fort
pour autre que Lui...

La véritable beauté, l'apaisante douceur
et le sentiment inexplicable de la Proximité d'Allah
que procure la prière se fera jour
et pour rien au monde tu ne voudras
désormais la manquer...[45]

---

[45] *« Et cherchez secours dans l'endurance et la prière : certes, la Salat est une lourde obligation, sauf pour les humbles qui ont la certitude de rencontrer leur Seigneur (après leur résurrection) et retourner à Lui seul. » (Sourate 2, Ayat 45,46)*

Je ferai de mon âme un lieu de prière
et mon cœur un jardin de mille et une fleurs
qui Te glorifient du soir au matin.

Oh je ferai de mon être intérieur
une demeure de lumière et de paix
même si mon monde est sombre et si tourmenté !

Je choisirais toujours de sourire face aux regards
qui transpercent et déchirent le cœur...

Face aux paroles qui alourdissent
et résonnent douloureusement en l'esprit.

Face aux gestes qui méprisent et qui blessent.

En dépit de tout, je le choisirai, encore et toujours
car la douceur d'un sourire est capable d'apaiser
les plus ardents feux de la haine...

Et qu'y a-t-il de plus beau que d'éteindre le mal
par le bien ?[46]

---

[46] *« ...Et repoussent le mal par le bien. » (Sourate 13, Ayah 22)*

Et si la maladie devait te toucher
et la mort se présenter à toi,
ne pense pas une seule seconde que tu es seul
même s'il n'y a pas les êtres qui te sont chers
tout près de toi...

En réalité, c'est au plus proche de Sa Rencontre,
que tu ressentiras au plus profond de ton âme
Sa Proximité et devinera la présence de Ses anges
tout autour de toi...

Je ferai de mes larmes des chemins de rivières
qui me mènent à Toi !

Seul l'Amour a le pouvoir de guérir les blessures
les plus profondes...

D'éteindre les feux de la haine
les plus intenses...

Et de mener un cœur plongé dans les ténèbres,
à la lumière la plus grandiose...

Lorsque notre cœur est lié au Plus-Grand,
on prend de la hauteur...

Au-dessus de tout ce qu'il y a d'immonde,
de tout ce qui nous peine et nous mène au plus bas...

On s'élève au-dessus de la haine, de la peur
et des monstres qui veulent s'accaparer
de notre sourire, de notre âme et de notre foi...

Soudain, notre cœur et nos pas
ne tendent plus que vers l'au-delà...

Là où Allah a écrit au-dessus de Son sublime trône :

« *Certes Ma Miséricorde prévaut sur Ma colère !* » *(Rapporté par Boukhari dans son Sahih n°7554)*

Chaque seconde, chaque minute, chaque heure
qui passe, me rapproche un peu plus
de Ta rencontre, Ô Seigneur !

Au-delà de ma vie,
au-delà des sept cieux,[47]
au-delà des jardins éternels et des fleuves
de lait et de miel.[48]

Ta rencontre est ce que mon cœur espère...
Ta rencontre est ce en quoi mon âme aspire...[49]

Ô Toi, Source de tout Amour et de Paix...

---

[47] *L'Imam Ahmad Ibn Hanbal (qu'Allah l'agrée) a spécifié : « Allah est au dessus du septième ciel, au dessus de son trône. » (Imam Al Lalaka'i)*
[48] *Le Prophète ﷺ a dit : « Le firdaws est le plus haut et le meilleur degré du paradis, au dessus de lui, il y a le trône du Miséricordieux et c'est de lui que prennent source les fleuves du paradis. » (Rapporté par Tirmidhi dans ses Sounan n°2530)*
Le Prophète ﷺ a dit : « Il y a certes dans le paradis une mer d'eau, une mer de lait, une mer de miel et une mer de vin puis ensuite elles se séparent en fleuve. » (Rapporté par Tirmidhi dans ses Sounan n°2571)
[49] *Invocation du Prophète ﷺ « Permets-moi de me délecter de la vision de Ta Face et sème en moi la passion de Ta rencontre ! » (Imam Ahmad)*

Lorsque tu as l'impression que la terre
se dérobe sous tes pieds,
de sentir le poids de ce monde
qui s'écroule sur tes épaules,
et que le fardeau est si lourd qu'il semble
que tes os vont se briser...

Porte ton regard vers le Ciel...

Et vois comme Ses étoiles restent quand
tout ici-bas disparaît...

Tels que la peine, l'angoisse et le tourment,
l'ombre de ta présence s'éclipsera aussi...

Ce n'est que la Lumière qui subsistera,
alors, accroche-toi à elle ![50]

---

[50] « *Tout ce qui est sur elle [la terre] doit disparaître, [Seule] subsistera La Face [Wajh] de ton Seigneur, plein de majesté et de noblesse.* » *(Sourate 55, Ayah 26,27)*

Je ne pense pas que ce soit ça, l'amour...

Attendre des gestes et des mots qui ne viennent jamais.
Sentir un vide qui s'amplifie un peu plus chaque jour
et passer ses nuits à se tourmenter...

Non, l'Amour c'est beau. C'est doux.

Ça remplit le cœur de paix, et non d'angoisses.
Ça remplit l'âme de sourires,
ça ne la pèse pas de larmes...

La lumière viendra en dépit des nuages.

Elle traversera la pénombre,
les méandres de l'esprit,
l'obscurité de ton monde,
pour atteindre ton cœur et se nicher en lui.

La Lumière, comblera ses fissures,
illuminera ce qu'il croyait à jamais éteint,
donnant vie à ce qu'il croyait éternellement mort...

Faisant passer ton cœur du néant
à un si paisible verdoyant jardin fleuri...

Ô douce âme !

Que chacun de tes pas sur terre,
soit une caresse...

Et chacun de tes regards vers le ciel,
une prière...

Ô combien de douleurs peut contenir mon cœur ?

Elle a creusé si loin en moi,
que je sais désormais mon âme
aussi profonde que l'océan
et aussi vaste que l'univers...

Mais Toi, Le maître des éléments,
je sais, que Tu les détiens entre Tes Mains...

Et d'un « sois »[51] faire de l'océan
et de l'univers de douleurs
une éternelle douce et paisible joie...

---

[51] *« Lorsqu'Il décide une chose, Il dit seulement : " Sois ! " et elle est aussitôt. »*
(Sourate 2, Ayah 117)

Et si, au cours de la nuit,
soudainement vos yeux s'ouvrent...

Ce n'est certainement pas pour
que vous les refermiez tout de suite.

C'est en réalité Allah qui vous éveille,
qui vous appelle à épancher votre cœur en prière...

Là où Il est si proche,
là où pendant cette précieuse prière de nuit,
Il vous exauce...[52]

---

[52] *Le Prophète ﷺ a dit : « Notre Seigneur descend chaque nuit vers le ciel de l'ici-bas lorsqu'il ne reste que le dernier tiers de la nuit et il dit : Qui M'invoque que je l'exauce, qui Me demande que Je lui donne et qui Me demande pardon que Je le pardonne. » (Rapporté par Mouslim dans son Sahih n°758)*

Mais comment veux-tu que la paix imprègne
tout ton cœur lorsqu'il est empli
de tout ce qui n'est pas Lui ?

N'oublie jamais...
Ton esprit vient d'Allah, An-Nûr ![53]

Alors, en dépit de la noirceur qu'il y a en toi,
concentres-toi sur la lumière...
Peu à peu elle augmentera
et brisera toute obscurité !

Alors si tu dévies ou même si tu chutes,
ne sois pas de ceux qui sombrent
mais plutôt accroche-toi à la lumière
qu'Allah a déposée en toi.

---

[53] *« Il (l'Homme) lui donna sa forme parfaite et lui insuffla de Son Esprit. »*
(Sourate 32, Ayah 9)

Peu importe qui, et combien de personnes
te font croire ou te font ressentir qu'Allah te déteste.

N'y crois pas une seule seconde...

Il t'aime plus que quiconque ne t'aimera jamais !
Et la preuve de Son Amour est qu'Il te maintient
en vie.

Tant que tu l'es, la porte de Son Pardon,
de Sa Miséricorde et de Son Amour n'est pas fermée...[54]

Et ton âme n'est-elle pas destinée à la vie éternelle ?

---

[54] *Le Prophète ﷺ a dit : « Allah a dit : "Ô fils de Adam ! Tant que tu M'invoques et que tu as espoir en Moi, Je te pardonne ce qu'il y a en Toi et n'en tient pas compte. Ô fils de Adam ! Si tes péchés atteignes le niveau des cieux puis tu Me demandes pardon, Je te pardonne et n'en tiens pas compte. Ô fils de Adam ! Certes si tu viens à Moi avec l'équivalent de la terre remplie de péchés mais que tu Me rencontres sans m'avoir rien associé alors Je te rencontrerais avec autant de Pardon."*
» (Rapporté par Tirmidhi dans ses Sounan n°3540 et authentifié par Cheikh Albani. Hadith Sahîh)

Lorsque tu as le sentiment
que tu n'as plus nulle part où aller,
que la terre devient trop étroite,
que ton envie est juste de fuir...

Loin...

Loin de tout ce qui te brise le cœur
et te fait couler des torrents de larmes.

Va à Lui...

Dépose ton front sur le sol
et toute ton âme s'approchera du Ciel...[55]

Là où tu trouveras enfin,
le repos et le secours...

---

[55] *Le Prophète ﷺ a dit : « Le moment où l'individu est le plus proche de son Seigneur, c'est lorsqu'il est prosterné [pour Lui]. Multipliez donc les invocations à ce moment-là ! » (Mouslim, Riyâdh As-Sâlihîn, n°1498)*

Vos histoires d'amour pourraient être si belles,
si seulement vous le décidiez...

Mais pourquoi choisissez-vous toujours
les passions vaines et aveugles de vos cœurs...

Au lieu de choisir ce qui élèvera et unira
éternellement vos âmes ?

Ses Paroles Divines si puissantes et si douces à la fois,
étaient soudain comme une pluie d'étoiles filantes
dans les ténèbres de mon cœur...

Prends garde…

Prends garde à ne heurter aucun cœur,
car viendra le Jour où Le façonneur des cœurs
regardera en chacun d'eux.

Et celui qui aura provoqué le moindre pincement
douloureux, la moindre fêlure, le moindre brisement,
délibérément, en l'un d'entre eux,
devra faire face à son plus farouche Défenseur.[56]

Et s'il s'avérait que ce précieux cœur
dont tu as sous-estimé la valeur,
recelait en lui un Amour pur et sincère
envers son Créateur…

Si doux sera son apaisement…

Et si grande sera ta perte !
Et si pesants et incessants seront tes regrets ![57]

---

[56] *« Allah est le défenseur de ceux qui ont la foi (…) » (Sourate 2, Ayah 257)*
[57] *« Ce jour-là, chaque âme sera rétribuée selon ce qu'elle aura acquis. Ce jour-là, pas d'injustice, car Allah est prompt dans [Ses] comptes. » (Sourate 40, Ayah 17)*

Ô Allah, accorde-nous un amour qui jamais
ne nous blesse et qui pour toujours nous apaise...

Ô Allah, ils ne comprennent pas l'amour
que je Te porte.

Ils en rient et ils le méprisent... Mais Toi, Tu sais...

Tu sais à quel point mon cœur était vertigineusement
en pleine chute...

Il s'en est fallu de si peu avant qu'il ne s'écrase
et ne se brise en mille morceaux,
cessant à jamais de battre...

Car mon cœur était prêt à lâcher, à abandonner,
tant c'était dur...

Mais dans la chute, avec miséricorde, Tu l'as retenu,
avec délicatesse Tu l'as pris, avec douceur
Tu l'as ouvert et Tu y as déposé la foi...

La foi, quand c'est tout ce que l'on a, elle donne espoir,
elle donne des ailes...

Elle élève le cœur, encore et encore,
ne voulant plus que retrouver Celui qui l'a sauvé,
l'a protégé, l'a aimé quand lui-même,
douloureusement, ne s'aimait plus...

Tu n'as pas besoin d'ornements, de bijoux, de parures, de maquillage, de fantaisies, pour être belle...

Chaque partie de toi l'est.

Tu es une œuvre d'art créée par le Plus Merveilleux des Façonneurs, Al Mussawir !

Le Prophète ﷺ a dit : « Certes, toute la création d'Allah est belle !
» (Rapporté par l'Imam Ahmad dans son Mousnad n°19472 et authentifié par l'Imam Ibn Kathir)

Si votre cœur est lourd, que vos pensées sont sombres
et que vos pas sont de plus en plus fébriles...

Accordez l'énergie qu'il vous reste pour tendre la main
à autrui.

Pensez-à l'autre en dépit de votre douleur
et vous verrez qu'Allah vous donnera à son tour...

Et mieux encore...[58]

---

[58] *Le Prophète ﷺ a dit : « Celui qui soulage un individu d'une peine parmi les peines de la vie d'ici-bas, Allah va le soulager d'une peine parmi les peines de l'au-delà. » (Mouslim dans son Sahih n°2699)*

Puisse notre cœur continuer à fleurir,
même lorsque le chaos, l'abîme
et les guerres s'emparent de notre monde.

Ô Allah aide-nous à choisir le bien plutôt que le mal,
la recherche de Ton Amour
plutôt que quelconque autre amour...

Le silence plutôt que la parole futile,
les pensées qui embellissent
plutôt que celles qui assombrissent...

La prière plutôt que la négligence...

Aide-nous à faire le choix de toujours Te choisir
plutôt que tout le reste.[59]

---

[59] *Le Prophète ﷺ a dit : « Quiconque laisse une chose pour Allah, Allah la lui remplacera par quelque chose de meilleur. » (Imam Ahmad dans son Mousnad n°20746 et authentifié par Cheikh Shouayb Arnaout)*

Si tu te sens éloigné d'Allah,
c'est probablement parce que tu t'es sciemment
ou inconsciemment éloigné de Son chemin.

Reprends les morceaux de ton cœur
et reviens à Lui...

Tout ce que tu as à faire c'est de réaliser un seul pas
et Il s'approchera de toi avec empressement ![60]

---

[60] *Le Prophète ﷺ relate qu'Allah a dit : « Lorsque mon serviteur se rapproche de Moi d'un empan, Je Me rapproche de lui d'une coudée. Lorsqu'il se rapproche de Moi d'une coudée, Je Me rapproche de lui d'une envergure (de bras). S'il vient à Moi en marchant, Je viens à lui avec empressement. » (Al-Bukhârî, Riyâdh As-Sâlihîn, n°96)*

Ô Allah, pardonne-moi pour tout le tort que je me fais,
pour toute la peine que je m'inflige
et pour tout l'amour que jamais je ne me donne...

Ô Allah ne me laisse pas m'éloigner de Toi
car sans Foi, je me perds, je me vide et je me meurs...

Aide-moi à toujours chercher à m'approcher de Toi
peu importe ce qu'il se passe en moi
et tout autour de moi...

Aide-moi à toujours trouver le réconfort
et l'apaisement intérieur dans ce qui redonne vie
et espoir en mon âme et en mon cœur :

Ta Proximité.

N'essaie pas de forcer le destin.
Tu le rencontreras. Tu la rencontreras.

Mais s'il te plait, lorsque cela arrivera,
ne t'approche pas trop près,
ne dépasse pas les limites qui te sont imposées...[61]

Car en faisant en cela, tu lui offriras
le plus beau premier acte d'Amour qui soit
et tu t'offriras la plus belle des grâces :

La Bénédiction d'Allah.

---

[61] *« Et n'approchez point la fornication. En vérité, c'est une turpitude et quel mauvais chemin ! » (Sourate 17, Ayah 32)*

Il n'y a pas d'autre chemin menant vers la guérison
que celui qui nous mène à Allah
et à ses Jardins Éternels.

Ô âme brisée ! Reviens à Lui...

Mon frère, préserve-toi.

Préserve ton âme, ton cœur et ton corps.
Ta dignité, ton honneur et ta lumière résident en eux.

N'éteins pas et ne détériore pas
ce qu'Allah t'a précieusement donné.
Car c'est par ces dons que tu pourras réaliser
le but si élevé pour lequel Il t'a créé.

Alors, que le scintillement de cette vie ici-bas
ne t'aveugle pas, au point de ne plus rechercher
l'au-delà...

Et qu'aucune femme, aussi belle soit-elle,
ne te détourne de la véritable beauté de la Foi !

Sois un être dont le front s'abaisse au plus bas,
matin et soir, touchant avec humilité le sol...

Et dont les aspirations s'élèvent si haut,
nuit et jour, visant avec amour le ciel
et Celui qui le possède...[62]

---

[62] *Le Prophète ﷺ relate qu'Allah a dit : « Celui qui fait preuve de modestie pour Moi comme cela ; et le Prophète ﷺ a descendu sa main au ras du sol ; Je l'élève comme cela ; et le Prophète ﷺ a levé sa main vers le ciel. » (Rapporté par l'Imam Ahmad et authentifié par Cheikh Albani dans Sahih Targhib n°2894)*

J'espère que vous trouverez une personne
qui aimera votre âme bien au-delà de votre apparence...

Mais surtout j'espère que vous trouverez une personne
qui aimera Allah bien au-delà de sa propre âme
et de la vôtre...[63]

Car un Amour tel que lui est un trésor si rare
et si précieux, qu'il n'est offert qu'aux patients
et vertueux !

---

[63] *Le Prophète ﷺ a dit : « Trois choses si elles sont chez une personne, elle aura trouvé la douceur de la foi : Qu'Allah et son Messager soient plus aimé auprès de lui que tout autre personne ; Qu'il aime une personne en ne l'aimant que pour Allah ; Qu'il déteste retourner à la mécréance après que Allah l'en ai sauvé comme il déteste être jeté dans dans le feu. » (Rapporté par Al-Bukhârî dans son Sahih n°21)*

Je ne suis pas en quête du bonheur !

Je ne suis en quête d'Allah,
La Source de tout bonheur…

Car le réel bonheur ne se trouve qu'auprès de Lui !

Alors, je veux que mes pas marchent,
que mon cœur coure et que mon âme vole,
seulement et uniquement vers Lui…

Lorsque les murmures sombres et malveillants
envahissent ton esprit...

Détache-toi d'eux...

Et accroche-toi à la lumière
et à la grandeur de Ses Paroles !

Lis-les, fais-les retentir en toi...
Écoute-les, fais-les résonner en toi...

Scande-les et vois !

Vois, comme elles montent et s'élèvent
au-dessus des ténèbres qui régnaient avec douleur
en toi...

Vois, comme elles rallument avec douceur
l'étincelle de la foi !

Ton âme est aussi profonde que l'univers !

Attends cet être rare qui cherchera à l'atteindre,
à l'aimer et à toujours la protéger
tant elle recèle en elle, beautés et merveilles...

Ne mérites-tu pas un Amour
qui vise au-delà du corps et du ciel ?

Embellis le monde avec ta gentillesse...

Car c'est la plus belle des qualités,
même si les hommes nous font croire
que c'est la plus faible...

Ta beauté ne réside qu'en elle,
car tu peux avoir toutes les qualités du monde
mais si tu ne détiens pas la gentillesse,
alors tout le reste n'est que néant...

En réalité, tu es aussi beau, tu es aussi belle,
que la manière dont tu traites les autres...[64]

---

[64] *Le Prophète ﷺ a dit : « Certes parmi les meilleurs d'entre vous il y a ceux qui ont le meilleur comportement. » (Rapporté par Al-Bukhârî dans son Sahih n°3559)*

Je choisis l'âme au-delà du corps,
je choisis l'éternel au-delà de l'éphémère,
je choisis la foi au-delà de mes peines...

Ô je te choisis Toi au-delà de tout le reste !

Que ta maison soit un lieu déserté par toute forme
de méchanceté, de colère et de rage.[65]

Qu'elle soit bâtie sur la foi et l'Amour en Allah
si bien qu'aucun tremblement ni calamité ne l'ébranle.

Que des graines de bonté, de patience
et de bienveillance soient chaque jour plantées,
faisant fleurir la paix dans les cœurs
de ceux qui habitent entre ses quatre murs...

Qu'elle soit une demeure où ni les portes
ne se claquent et où ni cris n'y résonnent...

Que les bras s'ouvrent souvent et que les mots tendres
y volent, caressant doucement vos âmes.

Qu'elle soit un lieu de prière, d'amour
et de rires complices, où ni démons ni mensonges
ne s'y cachent, mais où les anges descendent
avec Ses Bénédictions et Sa Miséricorde...

---

[65] *Le Prophète ﷺ a dit : « La douceur n'a jamais été donné aux gens d'une maison sans qu'elle ne leur profite et ils n'en ont jamais été privés sans que cela ne leur nuise. » (Rapporté par Tabarani et authentifié par Cheikh Albani dans la Silsila Sahiha n°942, Hadith Sahîh)*

J'ai mal. Par Allah, j'ai mal.

Mais si je vois que tu as mal aussi...

Je chercherai par tous les moyens
à ce que tu n'aies plus mal...

Je resterai auprès de toi
jusqu'à ce que ton cœur s'apaise,
jusqu'à m'en oublier,
jusqu'à taire ma propre douleur.

Rien que pour voir la tienne diminuer...

Puis, tu t'en iras un jour, la tempête passée,
me laissant seule avec ma douleur qui n'aura point bougé,
mais le sourire à mes lèvres,
de te voir partir le cœur allégé...

Je suis étrangère à cette terre
tant mon âme aspire au ciel...

Je marche,
je cours,
je vais...

Alors que je souhaite,
voler...

Dans l'infinité de Ton Amour Céleste,
voler pour l'éternité...

N'aie pas peur.

Ils peuvent être tout près de toi. Ils peuvent te toucher.
Ils peuvent même entrer en toi, arracher ta lumière
et l'éteindre peu à peu pour ne laisser que l'obscurité
et de sombres, de si sombres pensées...

Ils peuvent te laisser devenir plus que l'ombre
de toi-même jusqu'à en oublier la douceur du soleil.

Ils peuvent voler tes rêves et te laisser paralysé
dans d'interminables cauchemars.

Ils peuvent prendre tout ce que tu as été
et tout ce que tu as voulu être.

Ils peuvent te prendre de si longues années...

Si tu les laisses, ils peuvent même prendre ta vie entière !

Mais n'aie pas peur. Car il y a une chose qu'ils ne peuvent pas et qu'ils ne pourront jamais te prendre.

C'est l'amour qu'Allah a envers toi.
et c'est Son Amour qui te sauvera.[66]

N'aie plus peur.

---

[66] *« Le mal m'a touché. Mais Toi, Tu es le plus Miséricordieux des miséricordieux ! »* (Sourate 21, Ayah 83)

Puisses-tu toujours te souvenir que là où il y a un hiver, s'ensuit toujours, les fleurs du printemps...

Si mon cœur avait des ailes,
il volerait haut dans le ciel...

Au-delà des nuages et des cieux,
se nicher entre les Mains d'Allah...

Son Amour est le remède des cœurs brisés.

Il est si facile de parler sur la beauté de la Foi,
sur la pureté de l'Amour, sur la valeur de la Bonté...

Il est si aisé de les retranscrire sur un bout de papier,
de les lire, de les chérir et d'y rester en contemplation.

Mais moi je veux voir cette Foi
se refléter du bout de ton cœur,
cet Amour du bout de tes lèvres
et cette Bonté du bout de tes doigts...

Les actes parlent tellement plus fort que les mots...

Cher Allah,

S'il te plaît, ne laisse pas mon cœur s'attacher à un être qui ne m'est pas destiné. Éloigne-le de tout et de quiconque pourrait le heurter, le blesser ou le briser.

N'est-il pas assez fragile ?

J'ai bien peur qu'à force d'être autant de fois tombée,
il se brise maintenant un peu plus aisément...
Si tu ne l'avais pas recueilli et peu à peu guéri,
oh que serait-il advenu ?

Il est un peu sauvage, mon cœur. Il faudrait l'apprivoiser pour réellement l'approcher...

Cela demanderait du temps, oh mais les gens vont si vite et tombent dans les bras l'un de l'autre si aisément...

Ont-ils oublié que les plus belles choses prennent
du temps ?

Telle la création d'un bébé dans le ventre de sa maman
ou la pousse d'un arbre qui, plus les années passent,
plus les racines s'ancrent dans le sol...

Comment l'amour véritable pourrait naître
si précipitamment ?

Ils vont tous se décrocher les cœurs comme on arrache
une fleur sans réfléchir juste parce qu'on la trouve belle...

Mais il y a des cœurs qui ne peuvent être cueillis
qu'avec douceur, avec des mots tout en retenue
et des gestes tout en délicatesse.

Il y a des cœurs qui ne peuvent qu'être atteints
par ceux qui T'atteignent d'abord...

Ô Allah, guide mes pas vers celui qui veillera
à ce qu'ils cheminent toujours vers Toi
et oriente mon cœur vers celui qui prendra
garde à ce qu'il n'aime jamais rien
ni personne au-dessus de Toi.

Nos yeux,
nos pas,
nos cœurs
se tournent çà et là
cherchant en vain le bonheur !

Ne comprenant pas
qu'il se trouve tout proche...

À travers Ses Lignes où se dessinent,
Ses Sages Paroles qui recèlent en elles,
la guérison et la miséricorde...[67]

---

[67] « Ô gens ! Une exhortation vous est venue, de votre Seigneur, une guérison de ce qui est dans les poitrines, un guide et une miséricorde pour les croyants. » *(Sourate 10, Ayah 57)*

Fais un premier pas vers Allah,
peu importe la taille et peu importe combien tu hésites.

Fais l'effort le plus sincère, lis Ses Saintes Paroles,
murmure une invocation, prosterne-toi
et laisse parler ton cœur...

Rétablis ce lien précieux entre toi et ton Créateur...

Et vois comme Il viendra à toi de tout Son Amour ![68]

---

[68] *Le Prophète ﷺ a dit : « Allah a dit : " Ô fils de Adam ! Lève toi pour Moi alors Je marcherai vers toi et marche vers Moi, je courrai vers toi. " » (Rapporté par l'imam Ahmad dans son Mousnad n°15925 et authentifié par cheikh Albani)*

Non, Ses Lois Divines et Ses Préceptes
ne sont pas des cordes qui te sont liées
brutalement aux pieds, aux mains et au cou.

T'empêchant d'aller... T'empêchant d'être...

Ce sont des liens d'amour sacré entre toi et Lui
qui te retiennent de chuter
et qui t'empêchent de te perdre...

Ce sont des liens qui entièrement
te protègent et tirent ton cœur à Lui...

Puisqu'Il ne désire qu'une chose,
de ne pas le retrouver brisé et malmené
mais de l'accueillir dans sa forme
la plus pure et la plus belle :

Empli de Son Amour et de Sa Lumière.

Remède nocturne.

J'aime me lever au milieu de la nuit,
contempler la lune et observer les étoiles...

De façon inexplicable, ce céleste spectacle
ravit et apaise mon âme.

Je pourrais rester ainsi des heures...

Les yeux rivés sur ces astres
qui illuminent la sombre nuit.

Et qui éclairent avec grâce
l'obscure pensée...

Répète-le-toi inlassablement s'il le faut,
peu importe ce que tu as traversé,
ce que tu es en train de traverser
et ce que tu traverseras encore :

Il n'y a pas de fin triste pour ceux
qui placent leur confiance en Allah
et suivent Son chemin...

Le Bien finit toujours par triompher ![69]

---

[69] *« Et sois patient. Car Allah ne laisse pas perdre la récompense des gens bienfaisants. » (Sourate 11, Ayah 115)*

Même si ton esprit te dicte autre chose,
convaincs ton cœur que ça va aller,
qu'il trouvera le repos.

Pose ta main délicatement sur lui,
jusqu'à le sentir battre et chuchote-lui de s'apaiser
et de Lui faire confiance...

N'est-Il pas Al-Hafîdh, Son Gardien ?
Al-Wa'li, Son Protecteur ?
Al-Wadūd, Celui qui l'Aime d'un Amour Éternel ?

Ne laisse pas ton chagrin capturer tes jours
et s'emparer de tes nuits.

Ne laisse pas ton chagrin envahir ton cœur,
s'accrocher à tes os et tourmenter ton esprit.

Ne laisse pas ton chagrin prendre ta foi et ton espoir.

Ne laisse pas ton chagrin te faire oublier
que tu n'es que dans un monde qui passe
alors que bientôt s'ouvrira à toi,
les portes sur l'Éternel...[70]

L'éternel repos, l'éternel bonheur, l'éternelle paix...

---

[70] *« Et ceux qui avaient craint leur Seigneur seront conduits par groupes au Paradis. Puis, quand ils y parviendront et que ses portes s'ouvriront, ses gardiens leur diront : " Paix sur vous ! Vous avez été bons : entrez donc , pour y demeurer éternellement. " » (Sourate 39, Ayah 73)*

Et quand la douleur te frappe
en plein cœur de toute sa violence...

Rappelle-toi que c'est vers ce même cœur
qu'Allah tourne Son Regard doux et aimant...

Et mon cœur craquelle et mes yeux s'inondent
et mon corps oscille et mes mains se joignent
et mes mains supplient...

Et mon âme peu à peu reprend son souffle !
Et mon âme peu à peu reprend vie !

Et l'espoir en elle, délicatement,
miraculeusement, silencieusement soudain...

Fleurit !

À la vue des fleurs,
ses lèvres et son cœur,
toujours sourient...

Puisqu'à travers elles, elle aperçoit
un brin de Son Paisible Paradis...[71]

---

[71] « *La création est une myriade de symboles qui donnent à voir la Beauté et la Majesté Divine pourvu que l'on sache en comprendre le sens et la portée spirituelle. Chaque élément de la création doit être perçu comme une âya ou signe qui évoque subtilement le Divin ou qui pointe spirituellement le doigt vers le Ciel...* » - Sofiane Meziani (*Le Souffle de l'Esprit*, p63. Edition Al Bouraq)

Le délicat parfum émanant de l'Amour Divin
qui éclot dans le cœur pur, s'élève jusque dans l'au-delà,
atteignant l'Ange de lumière aux six cents ailes[72] qui exhale
aux habitants du ciel :

« Allah l'aime ! Aimez-le ! » [73]

---

[72] *Le Messager d'Allah ﷺ a dit : « J'ai vu Jibrîl, à côté du lotus de la limite, et il avait six-cent ailes. De ses ailes se répandaient des perles et des rubis de toutes les couleurs. » (Rapporté par l'Imam Ahmad. Hadith Sahih)*

[73] *Le Prophète ﷺ a dit : « Lorsqu' Allah aime un serviteur, Il appelle l'ange Jibrîl et lui dit : " J'aime untel, aime-le donc ! " Jibrîl l'aime alors et s'écrie dans le Ciel : " Allah aime untel, aimez-le donc ! " Les habitants du Ciel l'aiment alors puis l'agrément lui est accordé sur Terre. » (Rapporté par Mouslim dans son Sahih n°2637)*

L'Amour,
par-delà le corps,
par-delà la vie,
par-delà la mort,
est Amour Véritable.

Le mal qu'il y a en ce monde,
ne doit jamais nous empêcher de faire le bien.

S'ils détruisent, reconstruisons !
S'ils déracinent, plantons !
S'ils divisent, unissons !
S'ils terrorisent, aimons !

Car là où il y a de l'amour, il y a de la paix...

Si tu t'endors avec douleur en ton cœur
et que les ténèbres de la nuit alourdissent ton esprit
des pensées les plus sombres...

Hisse ton âme dans des contrées plus douces...

Prie Le Plus-Haut.

Lutte pour y arriver même si tu n'as plus que la force
d'un murmure...

Ces murmures seront entendus et s'élèveront
dans les cieux vers Le Seul qui saura réellement
apporter la guérison et la paix intérieure
que réclame si intensément tout ton être...[74]

---

[74] *Le Prophète ﷺ a dit : « Les portes du ciel sont ouvertes au milieu de la nuit, alors un crieur [un ange] appelle : Y a t-il quelqu'un qui invoque afin qu'il soit exaucé ? Y a t-il quelqu'un qui demande afin qu'il lui soit donné ? Y a t-il quelqu'un de soucieux afin que son soucis soit enlevé. » (Rapporté par Tabarani et authentifié par Cheikh Albani dans Sahih Targhib n°2391)*

De ton cœur, laisse-le s'envoler...

Ne t'accroche plus aux souvenirs passés,
à cet amour qui n'est plus,
aux rêves à deux qui peu à peu s'effacent,
à la promesse de ne jamais abandonner
qui petit à petit se brise...

Laisse-le s'envoler...
Il y a tant de beauté dans le lâcher-prise.

C'est un acte d'amour et de confiance en Allah,
dans le fait qu'Il fait partir
pour pouvoir un jour mieux accueillir...[75]

---

[75] *« Si les deux se séparent, Allah de par Sa largesse, accordera à chacun d'eux un autre destin. Et Allah est plein de largesses et parfaitement Sage. » (Sourate 4, Ayah 130)*

Tel qu'Il a orné le ciel d'étoiles,
tel qu'Il a jonché la terre de fleurs,
tel qu'Il a parsemé l'océan de perles,
Il a enfoui en ton âme ce qu'il y a de plus beau...

Ô belle âme, que la quête de l'amour ne te mène pas
au-delà de Ses Limites !

Et quand bien même tu penses que cela restreindrait
tes chances d'un jour, le connaître, en ne dépassant pas
les frontières de Ses Préceptes...

Et quand bien même, tu pourrais, loin de Ses Décrets,
trouver l'amour fort et intense que réclame tant
tout ton être...

Et quand bien même, tu toucherais des doigts un amour
aussi vaste que la terre... Cet amour serait voué à périr
et à disparaître !

Mais sache que le toit est ouvert pour ceux
qui s'empêchent de regarder et d'aller hors de ses Divines
Lois.

Ceux qui restent tout près de Sa Proximité,
ne parviennent pas à un amour aussi lointain...
Mais ils atteignent un Amour élevé qui va par-delà
les cieux, les étoiles et les nébuleuses...

Ils visent un Amour qui transcende l'univers
et ses planètes... Un Amour qui tend vers l'au-delà,
en s'aimant en Allah, Le Plus-Haut, Le Plus-Grand.

Ô belle âme, dis-moi, qu'y a-t-il de plus beau
que la quête d'un Amour qui s'élève vers l'Éternel... ?

Ils essaient d'attraper ton cœur, de le capturer !

Mais ils ne savent pas que ton cœur
est telle une douce brise à l'aurore,
une rivière qui coule vers l'immensité,
un oiseau doté de grandes ailes
les déployant à travers les nuages...

Ton cœur, tu le veux libre.

Non pas pour errer çà et là
mais pour atteindre Celui qu'il aime
plus que tout sur cette terre...

Ton cœur, ils ne le comprennent pas,
ils essaient de le retenir...

Mais ton cœur, par-dessus tout, veut aller,
veut se laisser porter, veut voler vers le ciel !

Un sourire aux lèvres, les bras déployés,
tourne sur toi-même...

Balance ton corps à la mélodie du vent
qui effleure légèrement tes joues...

Et cours, cours, cours !
Jusqu'à que tu aies pris tout l'air dont tu avais besoin...

Et respire, respire, respire...
Et sens ton cœur qui bat si fort !

Sens-tu la vie flotter désormais en toi ?
Sens-tu qu'elle reprend le dessus sur ce qui était mort ?
Sens-tu ton cœur reprendre goût à la liberté ?

Al hamdulli'llah !

Je ne veux pas de leur amour,
je ne veux pas de leurs éloges,
je ne veux rien qui corrompe mon cœur...

Car mon cœur, je le veux humble, je le veux sain,
je le veux aussi léger qu'un oiseau
pour qu'il puisse s'élever à Allah
dépourvu de ce qui l'enchaîne à l'ici-bas...

S'envolant au-delà de tous les cieux
jusqu'au sommet et au cœur de Ton Paradis,
sous Ton Trône, là où jaillissent Tes fleuves
et Ton Amour...[76]

---

[76] *Le Prophète ﷺ a dit : « Le firdaws est le plus haut et le meilleur degré du paradis, au dessus de lui il y a le trône du Miséricordieux et c'est de lui que prennent source les fleuves du paradis. Ainsi si vous demandez le Paradis à Allah demandez-Lui le firdaws. »* (Rapporté par Tirmidhi dans ses Sounan n°2530 et authentifié par Cheikh Albani)

Ouvre tes paupières.

Même si elles souhaitent rester closes
et demeurer un peu plus en rêves et en songes...

Ouvre tes paupières.

Même si ce qu'elles cachent refuse de voir
ce qui leur fait verser des torrents de larmes...

Ouvre tes paupières.

Même si la réalité du jour porte en elles,
maints et maints horribles cauchemars...

Ouvre tes paupières.

Et lève enfin ce voile qui se dresse
entre toi et Sa Salvatrice Lumière...

Oh ouvre tes paupières !

Et vois la beauté de Son Secours...

J'aimerais tant que tu perçoives notre religion
à travers le regard de ceux qui décèlent Ses Signes...

Tu y verrais l'Espoir et la Paix qui résident en elle
et le pouvoir que Ses Sages Lois ont d'embellir,
de protéger et d'élever tout ton être...

J'aimerais tant que tu entendes Ses Paroles
à travers l'écoute de ceux qui distinguent Son Appel...

Car Ses mots résonneraient si fort en toi,
qu'ils ébranleraient chaque parcelle de ton âme
jusqu'à la fendre d'Amour pour Lui...

J'aimerais tant que tu Lui parles
comme L'invoquent Ses bien-aimés,
lorsque leurs pas se détournent de Son Sentier
et que leurs cœurs, soudain, sont épris de doutes...

Tu Lui dirais, alors, levant tes paumes vers les cieux :

« Ô Allah, aide-moi à revenir à Toi et à me détacher
de tout ce qui m'éloigne de Toi car Ta proximité
m'est bien plus chère et bien plus précieuse que tout,
et quiconque réside sur cette terre. Si je Te perds,
en réalité, je perds tout ce que j'ai ! »

Dans le chaos qu'est devenu ce monde,
sois une source de paix.

Ô toi à l'âme blessée,
que leurs rires n'intensifient pas tes larmes
et que leurs indifférences ne brisent pas
un peu plus ton cœur.

Toute jouissance ici-bas n'est qu'éphémère ![77]
Alors, ne vise que l'éternel.

L'éternel sourire apaisé.
L'éternelle demeure de paix.
L'éternelle âme consolée...

---

[77] *« Et ne tends point tes yeux vers ce dont Nous avons donné jouissance temporaire à certains groupes d'entre eux, comme décor de la vie présente, afin de les éprouver par cela. Ce qu'Allah fournit (au Paradis) est meilleur et plus durable. » (Sourate 20, Ayah 131)*

Si, sur le chemin de ta vie...

Tu as dû traverser des ténèbres,
affronter des tempêtes
et parcourir des déserts...

Trouve la force et le réconfort
dans le fait que ce chemin te mène
à la source ultime de tout soulagement :

Allah.

Et il y a ce vide dans ton cœur,
qui ne peut être rempli que par Son Amour...

Essaie de le combler de tout ce qui n'est pas Lui
et tu ne connaîtras que le trouble
et l'aigreur du tourment !

Mais déverses-y Son Souvenir
et ton cœur goûtera enfin, au repos
et à la douceur de la quiétude...

« *N'est-ce point par l'évocation d'Allah que se tranquillisent les cœurs ?* » *(Sourate 13, Ayah 28)*

Le cœur où règne l'Amour d'Allah,
se berce à l'évocation de Ses Plus Beaux Noms,
s'apaise à la lecture de Ses Paroles Divines,
frisonne à l'écoute de Son Appel à la prière,
et se brise lorsqu'il s'éloigne de Lui...

Mais qu'attends-tu pour, en ton cœur,
enfin livrer bataille ?

Pour rassembler la force qu'il te reste
pour détruire toutes les idoles,
déchirer toutes les images
et y chasser tous les fantômes ?

Pour l'enlever des mains de ceux
qui tyranniquement le possèdent
et le replacer uniquement entre les Siennes ?

Pour qu'il ne cesse de battre plus fort
pour tout autre chose que Lui Seul ?

Pour qu'il se détache de cette vie si vaine
et s'attache si intimement à la vie prochaine ?

Mais qu'attends-tu pour, en ton cœur en ruine,
enfin œuvrer pour qu'Allah puisse le reconstruire
et y faire régner la douceur de Sa Paix ?

À quoi bon vivre un amour
qui n'est pas aimé par Allah ?

Un Amour qu'Il bénit,
qu'Il entoure de Ses anges,
qu'Il immortalise...

Qu'y a-t-il de plus beau ?

La douceur, la grande gentillesse et la sensibilité
ne sont pas synonyme de faiblesse...

Car cela demande du courage
et une certaine force de l'être
tandis que le monde nous incite
ardemment à être le contraire...

Va à Allah...

Faible et brisé, fatigué et à bout de souffle,
perdu et peiné, fautif et honteux,
vide et rempli de désespoir,
en larmes et en rage...

Va à Allah...

Sans attendre les beaux jours,
car ne sais-tu pas que c'est Lui
qui détient dans Ses Mains, la nuit et le jour ?

Il est le Seigneur de l'aube naissante
qui peut en un « sois » faire que le soleil
se lève à nouveau en ton cœur assombri,
et colorer de manière si belle ton âme
restée pendant si longtemps dans les ténèbres...

Ma guérison,
mon espoir,
ma force,
ma foi...

C'est Lui...

Allah.

Apaise-toi...

Toutes les larmes qui se sont versées de tes yeux, sont des perles d'eau faisant croître des champs de roses au Paradis...

Elle avait murmuré à son propre cœur :

« Ô mon cœur, au moindre espoir de bonheur ici-bas qui naîtra en toi, je te frapperai... Je te frapperai pour que tu te reprennes avant qu'il ne se brise encore devant un énième mirage... »

Il lui dit, à travers Ses Saintes Paroles :

« Et si Allah fait qu'un malheur te touche, nul autre que Lui ne peut l'enlever. Et s'Il fait qu'un bonheur te touche... C'est qu'Il est Omnipotent. » *(Sourate 6, Ayah 17)*

Et son cœur s'autorisa à sourire, d'une belle espérance, à nouveau...

Ô Allah, adoucis mon chemin me menant à Toi,
allège mon fardeau, libère mon cœur
de ce qui l'enchaîne et le tire vers le bas…

Loin, si loin de Toi.

C'est mon être tout entier que je Te livre,
protège-le, guide-le, guéris-le…

Et aime-le, Ô Allah, aime-le…

Comme Tu as éloigné la terre et le ciel,
l'orient et l'occident, le paradis et l'enfer...

Ô Allah, éloigne de moi, la tristesse...

Qu'Allah puisse vous accorder pour moitié
une personne capable de discerner votre âme
et d'en tomber amoureux avant tout autre chose.

Car l'amour d'une âme est profond, véritable et éternel...

Va où ton cœur te mène !

Non pas en suivant ses passions
et ses vains amours...

Non pas en te laissant transporter par la noirceur
qu'il porte en lui, par ses faiblesses
et ses plus profondes peurs...

Non...

Va où ton cœur te mène !

En écoutant ses murmures à travers ses battements
qui te soufflent avec empressement :

« Avec amour, va à Lui... Ton guide, Ton refuge, Ton secours ! »

Prends soin de ta foi pour qu'elle puisse fleurir
et avec grâce embaumer et embellir
ce monde et ton au-delà !

Ses mots sont miel,
ses gestes douceurs,
son cœur tendresse,
son âme ciel étoilé...

Et mon amour pour lui,
éternité...

Mon petit cœur se serre...

À la vue des larmes au bord de tes yeux,
au bruit de ton âme qui se déchire à l'intérieur de toi,
et lorsque je devine ton corps près à s'effondrer
sous le poids de tes peines...

Mon petit cœur se serre pour que le tien
puisse avoir de la place pour se blottir
contre le mien...

Le doux parfum des cœurs purs continue d'embaumer délicatement ce monde, même lorsqu'ils s'épanouissent désormais dans l'autre...

Pour chaque larme,
Dis, y aura-t-il un sourire ?

Pour chaque peur,
Dis, y aura-t-il une douce joie ?

Pour une vie dans le chagrin et l'affliction,
Dis, y aura-t-il une consolation et une paix éternelle ?

Ô dis-moi, qu'après les ténèbres se trouve la lumière...

Ta Lumière.

Et je te promets de tenir bon.[78]

---

[78] Le Prophète ﷺ a dit : « Le croyant n'est pas éprouvé par la piqure d'une épine ou par ce qui est au dessus de cela sans qu'Allah ne l'élève pour cela d'un degré et qu'Il lui efface un péché. » *(Rapporté par Al-Bukhârî et Mouslim. Hadith Sahih)*

Ma douleur, mes larmes, mes peurs,
pèsent si lourd en mon cœur...

Pourtant, il continue à battre
envers et contre tout...

Par et pour Toi.

Lorsque le front se prosterne,
mon cœur s'élève...

Il déploie ses ailes,
survolant ce monde et ses peines.

Se reposant, un instant, juste un instant,
dans les Jardins d'Éden...

Ne laisse jamais personne te freiner
dans ton envie de faire le bien.

Ni même tes propres pensées limitantes.

Si Allah a mis cette sensibilité qui avive ton cœur
qui te fait regarder là où tous détournent le regard,
aller là où les pas ne vont jamais,
et te faire tendre la main à ceux
qui sont montrés du doigt…

C'est qu'à travers toi, c'est un reflet
de Son Immense Miséricorde, qui agit…

Et qu'il est beau d'agir par et pour
Le Tout-Miséricordieux !

Ô Allah, prends la tristesse !

N'a-t-elle pas assez pris de mes années ?
N'a-t-elle pas assez dévoré ma chair
et déchiré ce qu'il reste de mon cœur ?
N'a-t-elle pas pris mes sourires
et mes rêves de jours heureux ?

Que veut-elle ? Mon âme ?

Mais ne sait-elle pas que mon âme
ne peut être possédée par autre que Toi !

Alors, prends !

Prends-la, mon Seigneur, et jette-la loin,
si loin que sa noirceur ne me sépare jamais plus
de Ta Lumière !

Apaise-toi mon cœur,
un jour, un être sera aussi doux et bon envers toi,
que tu l'es envers les autres...

Ô Allah, je ne t'aime pas par amour du Paradis
et je ne te crains pas par crainte de l'Enfer…

Je t'aime parce que Tu es mon souffle, mon appui,
mon soutien, mon espoir, mon refuge, mon secours,
ma guérison, ma paix, mon Tout.

Je ne veux être qu'auprès de Toi
et m'éloigner de tout ce qui m'éloigne de Toi…

Ô Allah, guide mon cœur et mes pas !

Ne sais-tu pas qu'Allah est dans mon cœur ?
Comment oses-tu envisager de faire
quoi que ce soit qui pourrait le briser
alors qu'Il s'y trouve ?

Tu ne reconnaîtras pas les êtres qui marchent
par Amour dans la voie d'Allah uniquement,

Aux voiles qu'ils portent sur leur tête,
à la blancheur de leurs robes,
à la longueur de leurs barbes,
aux mots qui sortent du bout de leurs lèvres...

Non, tu ne les reconnaîtras pas seulement
à leur apparence...

Tu les reconnaîtras à leurs cœurs
qui n'ont soif que de Ses Paroles,
à leurs âmes qui ne trouvent repos
qu'en Sa Proximité et à leurs gestes
qui ne veulent qu'être beaux et utiles...[79]

---

[79] *« - Mais le vêtement de la piété voilà qui est meilleur - »* (Sourate 7, Ayah 26)

Et tandis que ce monde veut me happer
par les chevilles et les poignets…

Mon âme, mon cœur et mes rêves
tendent vers l'au-delà…

Puisque c'est là où Tu demeures…

Ô Allah !

Seul Toi, vois les larmes derrière les sourires
et entends les cris des cœurs meurtris...

Comment un autre que Toi
pourrait-il mettre fin au supplice,
alors que seul Toi connais son existence,
son ampleur et sa profondeur...

Ils te blâment de ne pas y mettre, tout de suite, fin !
Mais ils ne savent pas que Tu veux plus qu'eux-mêmes
que cette souffrance cesse !

Oh ! Mais Tu souhaites juste entendre leur voix
et entendre le fond de leur cœur,
qui T'appelle, qui T'invoque,
qui Te supplie, qui s'accroche à Toi
et qui s'approche encore et encore un peu plus...

Ils ne voient que le malheur alors que Tu les entoures
que de Ton Amour...[80]

---

[80] *Le Prophète* ﷺ *a dit :* « *La grandeur de la récompense est à la mesure de la grandeur de l'épreuve. Quand Allah aime des gens, Il les éprouve.* » *(Rapporté par Ibn Mâjah. Hadith Sahih)*

Ô Allah, prends la douleur qui réside en mon cœur !

Extirpe l'obscur,
chasse la brume
et ôte toutes ombres…

Ô Allah, Lumière des cieux et de la terre…

Seul Toi peux dissiper les ténèbres
et d'une lueur d'espoir,
rétablir la douce quiétude des cœurs…

J'étais là où il n'y avait plus d'espoir
et où les ténèbres avaient tout envahi...

J'ai scandé Tes paroles, j'ai élevé ma voix
au-dessus des cris et des pleurs,
prononçant des prières, implorant Ton Secours !

Tu es venu, Tu as éloigné le mal, la peur et l'effroi !

Tu as calmé le cœur qui bat trop vite.
Tu as séché les larmes qui ne cessent de couler.
Tu as apaisé l'esprit en proie au tourment...

De Ta Paix et de Ta Lumière, Tu as sauvé...
De Ta Paix et de Ta Lumière, Tu as secouru...
De Ta Paix et de Ta Lumière, Tu m'es apparu...

N'attendez pas qu'il soit trop tard
pour dire aux êtres qui vous sont chers,
ce que vous ressentez...

Trop de « je t'aime » sont restés au fond des cœurs
sans jamais être dévoilés...

Alors que ces trois petits mots
sont le plus beau cadeau,
que l'on puisse donner et recevoir...[81]

---

[81] *Le Prophète ﷺ a dit : « Lorsque quelqu'un aime son frère, qu'il l'en informe. »*
(Rapporté par Abou Daoud dans ses Sounan n°5124 et authentifié par Cheikh Albani)

Si ton âme souffre à n'en point trouver le sommeil,
lève-toi et va observer le ciel...

Tu verras que la sombre voûte céleste
n'est pas totalement nuit.

Telle ton âme, elle est parsemée
d'astres de lumière...

Plus ton cœur est bon, plus je t'aime...

Ô Allah,

Je Te vois
dans tous les regards tendres...

Je T'entends
dans toutes les paroles douces...

Et je ressens Ta présence
dans tous les beaux cœurs...

Ce ne sont plus des valeurs que l'on prône !

Alors le monde vous dira peut-être de plus en plus le contraire...

Mais moi, je vous le dis de tout mon cœur :

La gentillesse, la douceur, la pudeur, la sensibilité, l'humilité, la compassion et la piété sont les plus belles et les plus nobles des qualités...

Et si tu les détiens en toi, sache que tu as la plus belle et la plus précieuse des âmes...

Sache que ce rêve qui germe dans ton cœur,
Allah l'a planté en ce lieu pour qu'il puisse éclore...

N'attends plus la lumière au bout du tunnel
car Allah l'a déjà déposé en toi.

Bien que ton âme soit sombre
par ses peines et ses brisures,
cherche la lumière dans ses profondeurs...

Car c'est là qu'elle s'y trouve,
car c'est là ton secours,
car c'est là ton trésor...

Capable de détruire l'obscurité
de ton âme et de ton monde,
par son vif, resplendissant et si apaisant éclat !

Que ton besoin d'amour ne te pousse pas à aller
dans les bras de celui ou celle qui t'éloignera
de l'Amour d'Allah !

Un amour tel que lui est comparable à un poison,
qui envahit peu à peu ton cœur,
circulant dans tes veines,
détruisant lentement ton âme...

Tandis que Son Amour...

Oh ! Il est comparable à de l'or,
qui inonde le cœur de lumière,
comblant les fissures
et cicatrisant les plus profondes blessures...

Apaisant l'âme en quête de quiétude
et de véritable Amour...

À quoi bon avoir des milliers de yeux
qui se tournent vers soi,
si on se détourne du regard d'Allah ?

À quoi bon avoir de l'influence sur terre,
si notre nom n'est pas célèbre
parmi les anges dans le ciel ?[82]

---

[82] *Le Prophète* ﷺ *a dit :* « *Certes le serviteur recherche l'agrément d'Allah et ne cesse de le faire et alors Allah dit à l'ange Jibril : " Certes Mon serviteur Untel cherche à Me satisfaire. Certes Ma Miséricorde est sur lui ! " Jibril dit ensuite : " La Miséricorde d'Allah est sur untel." Les anges qui portent le Trône disent cela et les anges autour d'eux le disent aussi jusqu'à ce que les habitants des sept cieux le disent tous puis la Miséricorde descend pour lui sur la Terre.* » *(Rapporté par l'Imam Ahmad dans son Mousnad n°22401 et authentifié par Cheikh Shouayb Arnaout)*

Je ne laisserai pas les ténèbres qui règnent
dans vos cœurs conquérir le paradis de mon âme !

Oh ! Si je pouvais prendre la douleur qui lancine
dans ton cœur, de toutes mes forces,
je l'arracherais et la jetterais au loin,
pour que plus jamais elle ne s'approche de toi !

Oh ! Mais je ne peux pas...

Je peux seulement te dire qu'autrefois
elle était aussi en moi...

Peu à peu, elle avait envahi mon cœur,
jusqu'à circuler dans mes veines,
s'accrocher à mes os et frapper en mes pensées
de toute sa noirceur et de toute sa violence...

Elle a creusé encore et encore profondément
dans mon âme jusqu'à ce que j'atteigne le fond...

Oh ! Mais ce qu'elle ne savait pas, c'est qu'Allah
est si proche de celui qui est au plus bas !

Il suffit que l'on s'accroche à Sa Grandeur
plus grande que toute douleur,
pour qu'enfin Il nous relève,
et qu'Il déverse dans ce vaste vide en nous,
tout Son Amour, toute Sa Lumière,
tout Son Secours...

Donne-Lui ton cœur, car seul Son Amour perdure...

Ô Allah, ouvre mon cœur à Ton Amour,
et fait qu'il le porte en lui pour toujours...

Si bien qu'il ne voie ce qui l'entoure qu'à travers lui
et que le chemin emprunté
qui semblait être une interminable nuit,
se transforme en un éternel paisible jour...

La vie d'ici-bas est tellement étroite pour un cœur
qui se languit de l'au-delà...

La vie d'ici-bas pèse si lourd sur un cœur
qui continue à (se) battre uniquement pour Allah !

Faite de terre et de ciel,
d'argile et de poussières d'étoiles...

D'un corps et d'une âme,
d'éphémère et d'éternel...

D'un « sois » et de Son Amour,
allant d'ici-bas à l'au-delà...

Telle est la beauté que tu détiens en toi !

Le Seul réconfort sur le chemin de ma vie
est qu'il me mène à Lui !

Il y a des êtres qui forment à deux
une si parfaite symbiose,
que c'est comme si leurs âmes
avaient été créées ensemble,
n'en formant qu'une...

Elles ressentent, perçoivent, éprouvent
et aiment d'une même manière...

Et à deux encore plus fort.[83]

---

[83] *Le Prophète ﷺ a dit : « Les âmes sont des soldats regroupés; celles d'entre elles qui se connaissent vivent en harmonie, celles qui s'ignorent demeurent en discordance. » (Rapporté par Al-Bukhârî dans son Sahih n°3336)*

La beauté de la foi est qu'elle sèche les larmes
quand rien n'arrive plus à les faire cesser de couler...

Qu'elle protège lorsqu'on est si près de s'effondrer...
Qu'elle relève, quelle que soit la hauteur de la chute...
Qu'elle éclaire les ténèbres qui font profondément rage en nous...
Qu'elle apaise tous les tourments et toutes les peines...

Et qu'elle donne la force quand il nous en manque,
de continuer à cheminer vers Celui
qui nous l'a généreusement donné...

N'oublie pas...

Allah t'a permis de fouler Sa terre
pour que tu puisses atteindre Son Paradis.

Il a cru en toi à la seconde où Il a fait battre ton cœur.
Et grâce à la lumière qu'Il a perçue en toi,
Il a ouvert ta poitrine à la Foi...

Alors, dis-moi, belle âme, comment peux-tu penser
à abandonner, en toi-même lorsque tu as auprès de toi,
Le meilleur des soutiens ?

Et peut-être que ce monde nous brise le cœur,
pour qu'on y soit plus attaché...

Et qu'on se tourne enfin vers Le Seul
qui a le pouvoir de le reconstruire
plus beau qu'il ne l'était auparavant...

N'aspirant plus qu'à l'au-delà…
N'aspirant plus qu'à Le retrouver...

Attends...

Attends-la, cette personne qui ne te donnera pas
l'impression de devoir lui courir après
pour être vue et entendue.

Attends cette personne qui te verra telle
la pleine lune au cœur de la nuit obscure,
si belle...

Si belle, car malgré son vécu, ses blessures
et les traces du passé tellement douloureux...

Elle éclaire, elle apaise, elle illumine...

Et elle rayonne encore plus fort
quand il se fait si sombre autour d'elle...

Le véritable repos de l'âme se trouve auprès d'Allah.

Lorsque le Prophète ﷺ a été rejeté par les Hommes,
les anges l'ont soutenu et aimé...

Lorsque les rires moqueurs, la haine
et les pierres se sont abattus sur lui,
la Miséricorde et la Protection Divine
l'ont chaleureusement enveloppé...

Alors, sache douce âme
que si la terre te devient hostile,
les cieux te seront toujours d'un appui
et d'un paisible secours...

Plus le cœur est bon, plus la personne est belle...
Il n'y a pas de beauté sans bonté.

Allah est capable de maintenir l'univers
avec ses planètes et ses milliards d'étoiles...

De Sa force gravitationnelle,
Il régit minutieusement et parfaitement le monde
pour que le souffle de la Vie soit...

Comment ne pourrait-Il pas mener un cœur plongé
dans les ténèbres vers Sa Lumière ?

Comment ne pourrait-Il pas transformer
les torrents de larmes qui se sont versés sur tes joues,
en des ruisseaux de perles roulant sous tes pieds
au Paradis ?

L'amour est pur tel le vent calme
qui souffle sur le rivage.

L'amour est paisible tel le ciel
parsemé de nuages qui doucement passent.

L'amour est bienveillant telle la rosée
du matin qui ravive délicatement les fleurs.

L'amour est profond tel l'océan
recelant maintes merveilles et maints trésors.

L'amour est lumière tel le lever du soleil
qui vainc sans relâche la sombre nuit.

L'amour est céleste tel l'univers
où gravitent harmonieusement astres et étoiles.

L'amour est éternel telles les âmes
qui s'aiment et s'unissent en Son Nom...

Ô Allah, enlève cet être de mon cœur,
si sa présence dans celui-ci, ne l'embellit pas
et ne le rapproche pas encore un peu plus de Toi...

Ô Allah, garde cet être dans mon cœur,
si son destin est d'y être et de me mener
au plus près de Toi...

Ô Allah, permets à mon cœur
d'aimer celui que Tu aimes...

Mon but à moi est d'aimer et d'être aimée par Allah
et cela passe par la préoccupation avant toute chose
de la beauté de mon cœur...

Car n'est-ce pas vers là qu'Allah oriente Son regard ?[84]

Et par le Créateur des cieux et de la terre,
tous les regards flatteurs n'égalent pas
un seul de Son regard aimant !

---

[84] *Le Prophète ﷺ a dit : « Certes Allah ne regarde pas votre apparence ou vos biens mais Il regarde vos coeurs et vos actes. » (Rapporté par Mouslim dans son Sahih n°4651)*

Et si ta vie ressemble à la traversée
d'une nuit interminablement sombre...

Tends ton regard au loin, vers l'aube
qui d'un trait de lumière bientôt la transpercera...

Car oui, la lumière est plus forte que l'obscurité...
La lumière est plus forte que l'obscurité !

Patience, ô mon cœur...
De tes brisures naîtront des fleurs...

Les larmes de tristesse
versées à la perte de cet être cher,
se transformeront en larmes de joie,
lorsque vous vous retrouverez,
là où la mort plus jamais ne sépare,
et l'éternité pour toujours unit...

Répète-le-toi, encore et encore,
jusqu'à ce que ton cœur enfin s'apaise :

« Tes décrets sont meilleurs que mes souhaits.
Tes décrets sont meilleurs que mes souhaits.
Tes décrets sont meilleurs que mes souhaits... »[85]

Al hamdulli'llah...

---

[85] *Le Prophète ﷺ a dit : « Allah ne décrète pas une chose pour le croyant sans que ce ne soit un bien pour lui. » (Rapporté par Ibn Hibban dans son Sahih n°728 et authentifié par Cheikh Albani)*

Tu n'es pas seul(e).
Tout son Amour gravite autour de toi...

Dans l'air que tu respires,
dans les gouttes de pluie qui s'effondrent...

Dans les arbres qui s'élèvent,
dans le vent qui souffle...

Dans le soleil qui se lève,
dans les anges qui te protègent...

Dans le sang qui circule dans tes veines,
dans ton cœur qui bat...

Tu n'es pas seul(e).
Son Amour gravite tout autour de toi
et se prouve à chaque instant à l'intérieur de toi...

Que ton cœur soit apaisé, peu importe ton âge…

Patiente en marchant avec espoir sur la voie
de Ton Seigneur, car un jour tu rencontreras
la personne qu'Il t'a destinée…

Et ce jour-là, vos âmes demeureront ensemble
pour l'éternité…

Et que sont quelques années face à l'éternel ?

Lorsque sur votre chemin vous croiserez
la personne qui vous est destinée...

Vous apercevrez son âme
et vous vous reconnaîtrez en elle...

Ce sera une évidence,
Car c'est comme si vos âmes n'en formaient qu'une.

Sois une douceur, un rayon de soleil,
un tendre sourire…

Des mots qui caressent le cœur
et qui touchent paisiblement l'âme…

Ô sois une grâce, une miséricorde, un amour…
Un si beau et élevé amour.

Si dans ton cœur, il se fait sombre
et que tu n'arrives plus à sentir
la chaleur de Sa Présence...

Déchire les voiles peu à peu tissés,
qui se dressent entre toi et Lui...

Et vois comme Sa Lumière en toi
et tout autour de toi, jaillit !

Viens à moi avec haine, je t'accueillerai avec Amour...

Ô âme emplie de peines !

Qui pourra te voir si tu te caches derrière elles ?

Ces peines, ces douleurs,
ces déchirures ne sont pas toi.

Car toi, ton essence est faite d'amour et de lumière,
de Son Souffle et de Son « sois » !

Ô âme emplie de peines !

Révèle-toi et fais vivre celle que tu es au fond de toi...
Un jour, un être te verra comme Lui te perçoit :

Tellement digne d'être aimée.
Tellement digne de passer de la tristesse
à l'éternelle joie...

Dans l'océan de mes peines, je me noie...
Essayant de remonter à la surface, Ô Allah...

Mais je n'ai plus de forces...

Je n'ai plus de forces alors je tends mes bras vers Toi,
dans l'espoir que, même si je n'y arrive plus...

Toi, Tu me sauveras.

Lorsque mon cœur et mon regard
ne se dirigent plus, pendant un temps, vers Allah...

Alors mon cœur se brise
et mes yeux s'emplissent de larmes...

Jusqu'à ce qu'ils se détournent à nouveau de ce monde,
pour accourir et trouver refuge auprès de Lui !

Ne t'endors jamais sans avoir fait tes prières
car elles te lient à Allah…

Et rien au monde n'est plus précieux que ce lien !

Rien n'est plus beau qu'un cœur
empli de foi en Allah...

Ses battements sont comme une douce mélodie
qui chantent une ode à Son Amour
résonnant dans tout le corps et dans tous les cieux...

Louange à Allah, qui nous fait traverser les ténèbres
pour pouvoir plus intensément ressentir Sa Lumière...

Louange à Allah, qui nous fait parcourir les déserts
pour pouvoir plus profondément connaître la douceur
de Sa Proximité...

Louange à Allah, qui nous fait affronter vents et tempêtes
pour que l'on puisse plus fort s'accrocher à nul autre que
Lui Seul...

Et ne trouver refuge qu'à Sa Porte...

De la pluie qui s'abat pesamment en toi-même,
naîtra avec grâce, un champ de roses éternelles...

De l'âme en pleurs à l'âme en fleurs...
Telle est la douce beauté de sa destinée !

P.S : Que la Paix, la Miséricorde et les Bénédictions d'Allah soient sur toi ! ♡

Printed in Great Britain
by Amazon